中非能源合作与安全研究

China-Africa Energy Cooperation and Safety Research

张宇炎◎著

中国石化出版社
·北 京·

内 容 提 要

本书以21世纪中国和非洲之间的能源合作与安全为研究主题，通过对中国与非洲各国开展能源合作的情况进行具体而全面的梳理，总结提炼出中国发展对非能源合作的基本路径、参与角色、四种具有代表性的能源合作模式。归纳出一个时期中国对非能源合作的基本模式，探讨了中国对非洲能源合作的主要制约因素，对这些制约因素进行了分析，并尝试提出解决方案。

本书适合政府部门工作人员、能源行业及经济部门从业者、高校学者、学生等阅读参考。

图书在版编目（CIP）数据

中非能源合作与安全研究 / 张宇炎著 . — 北京：中国石化出版社，2024.5

ISBN 978-7-5114-7517-6

Ⅰ. ①中… Ⅱ. ①张… Ⅲ. ①能源经济—国际合作—研究—中国、非洲 Ⅳ. ① F426.2 ② F440.62

中国国家版本馆 CIP 数据核字（2024）第 095953 号

中国石化出版社出版发行

地址：北京市东城区安定门外大街 58 号

邮编：100011 电话：（010）57512500

发行部电话：（010）57512575

http：//www.sinopec-press.com

E-mail：press@sinopec.com

北京艾普海德印刷有限公司印刷

全国各地新华书店经销

*

710 毫米 × 1000 毫米 16 开本 9.5 印张 169 千字

2024 年 5 月第 1 版 2024 年 5 月第 1 次印刷

定价：48.00 元

前 言

在现代工业体系中，以石油为主的化石能源作为主要动力资源，推动着国民经济的高速运转。中国政府一直高度重视能源的生产、供应和安全，为保障中国经济发展提供了坚强支撑。但自1993年之后，随着国民经济的飞速发展，中国能源供应不足的矛盾逐渐突出，能源进口比例逐渐增大。

因此，中国迫切需要拓宽能源进口渠道，保障能源供给安全。进入21世纪以来，中国和非洲众多国家之间的能源合作非常成功。这些中非能源合作方面的成功经验为解决中国能源供需矛盾提供了新思路。由于中非良好的政治双边关系（非洲共有54个主权国家，只有1个国家没有和中华人民共和国建立正式的外交关系，其余53个国家都和中华人民共和国建立了正式外交关系）、双方共同的发展意识、中国日益增强的综合国力、非洲国家强烈的发展愿望和发展前景以及拥有的丰富能源，促使非洲成为中国能源的主要供应地之一。中非能源合作的现状既优化了中国能源供应结构，又分散了中国能源运输供应风险。21世纪中非能源合作呈现出以下特征：一是双方能源合作以相互尊重与合作共赢为指导原则；二是大型能源企业在中非能源合作中发挥了积极作用；三是在中非各国的政府主导下形成了灵活多样的合作模式；四是合适的发展时机撬动了非洲部分国家的工业化进程。

非洲能源市场开拓中，面对美国、印度等国家的激烈竞争，中国政府根据非洲各国的不同特点，逐步探索出了较为合理的对非能源合作模式，实现了既定战略目标。中国在开展对非能源合作时，遵循自上而下的路径，即首脑外交—政府谈判—实施阶段。政府、政策性银行、能源企业与保险公司在中非能源合作的实践中均发挥了积极作用。根据中非能源合作的实践经验，可归纳出四种双方能源合作模式：一、国家援助总体框架下的能源合作；二、以投资换能源模式；三、建设具体的能源共同体；四、能源投资以市场投资为主。这四种模式为中非能源合作的成功奠定了坚实基础。

在中非能源合作中，中国－安哥拉的能源合作案例具有典型意义，并有较高的研究价值。该模式的主要特点为：在国家政策指导下，两国企业是主要参与角色。中国企业对安哥拉的基础设施进行建设，安哥拉以石油偿付中国企业的建设费用，双方形成了互惠互利的合作模式。中国－安哥拉能源合作使两国均获得了巨大收益，在世界能源市场引起了一定关注，吸引其他许多国家纷纷效仿。但自 2008 年以后，受多种因素的影响，安哥拉改变了以石油作为合作质押物的做法，两国的合作模式正在调整之中。

当前，国际能源格局出现了显著变化，油气供需格局出现调整，油气生产中心、消费中心逐渐转移。美国在非常规油气资源、新能源开发技术方面取得了一定的突破。中国既有的能源合作模式面临调整与升级。面对新形势，中国需要从以下五个方面采取相应措施：坚持树立中非能源合作的正面形象，通过制度创新分散投资风险，优化能源合作的运营方式，争取国际合作与支持，依靠科技创新降低能源的对外依存度。中国将在“构建人类命运共同体”“一带一路”的伟大倡议之下，进一步践行“真、实、亲、诚”的对非政策理念，努力打造中非能源命运共同体。

目 录

导　论　研究意义、现状和概念界定

0.1　问题的提出与研究意义

自21世纪以来，为什么中非能源合作呈现出多种变化？在这段时间里，中国政府的对非能源合作由单一模式向多种模式过渡，影响中国政府作出对非能源合作战略调整的原因是什么？21世纪初期中非能源合作有何特点与优势？在中非能源合作战略调整中得出的新模式，能否在全球范围内推广、借鉴？中国对安哥拉能源合作有何典型特点？中非能源合作的前景如何？本书将就上述问题进行详细论述。

0.1.1　问题的提出

自冷战格局结束以来，国际关系飞速发展，传统外交的外延不断扩大，主权国家围绕一些重点领域开展的沟通逐渐增多，相互关系发展迅速，变化复杂。中国外交的业务领域迅速拓展，“领域外交”逐渐兴起，表现在中国政府中涉及外交的机构及部门增加[①]。其中，经济外交、公共外交以及文化外交等作为领域外交的分支，属于某一特定领域国家间的外交活动。

在领域外交中，经济外交是非常重要的一个分支。当前，在经济全球化的大背景下，各国间的经贸往来与日俱增，经济外交的作用日益凸显。研究经济外交有助于吸纳各国先进的交往经验，总结教训，推动中国经济稳步发展。

能源合作是经济合作的一个重要方面。能源是一种大宗的、特殊的、战略性商品，持续为国民经济的发展赋能。能源的生产、供应不仅事关国家的经济命脉，更与国家的安全与发展息息相关。鉴于能源对国家的重要性与特殊性，国家之间的能源生产供应有别于一般的经贸关系，是影响国家的政治、外交、安全关系的重要领域。主权国家为保证进口能源的稳定供应与送达，需要通过能源合作

① “领域外交”指在国家外交战略和政策指引下，在传统的政治外交部门之外的各个部门或专业领域的对外关系。引自张历历 . 新时期中国外交决策领域的新变化［J］. 当代世界，2015（9）：49。

来维护国与国之间的能源关系，以维护国家的重大战略利益。因此，国家之间的能源合作历来是国家政治之间的经济关系的重要方面，同时又可能是首脑外交、高层外交谈判中的核心议题之一。国家之间的能源合作是国家对外发展战略的重要组成部分之一，所以，国际能源合作具有重要的研究价值。

进入 21 世纪以来，随着中国和国际体系的融合程度日益加深，世界各国之间的联系更加紧密。中国以积极的态度参与国际事务，在国际各个领域的影响力和话语权逐步提升，这都为中国领域外交的迅速发展夯实了基础。以中国对外能源合作为例，在 21 世纪初，中非能源合作发展迅速。中国对非能源合作战略的目标是在保持中非传统友谊的基础上，以平等互利的方式获得石油、天然气等能源供应，以满足中国的经济发展的需要。从 21 世纪初中非能源合作效果分析，衡量中非能源战略实施效果应包含以下四个方面：战略目标的达成度、经济利益的实现度、能源需求的满足度和国际形象的提升度。在进行较为充分的论证后，中国政府能根据资源国情况的变化及时调整能源合作模式，促使中非能源合作落地见效。

本书的基本假设是：中国政府能根据资源国情况的变化，及时调整能源合作模式，使中非能源合作迅速取得成效。根据 21 世纪中非能源合作的实践经验，可总结出四种常规模式，分别为：国家援助框架下的能源合作模式、以投资换能源模式、能源共同体模式、市场投资模式[①]。中国政府参与中非能源合作的方式会随着非洲资源国的掌控能力调整而发生相应改变。非洲资源国的掌控能力受本国政权的稳定程度、政府管理资源的能力以及政策制定能力的制约。

0.1.2　研究意义

进入 21 世纪之后，中国的能源合作发展迅速，促进了中国经济的快速发展，有力提升了综合国力。在 2000—2023 年这段时间，中东地区、俄罗斯、拉美与非洲是中国主要的能源供应地。其中，非洲与中国之间的经贸往来日益密切。2022 年中非双边贸易额达 2820 亿美元，同比增长 11.1%。其中，中国自非洲进口 1175 亿美元，对非洲出口 1645 亿美元，分别同比增长 11% 和 11.2%。我国已连续 14 年保持非洲最大贸易伙伴国地位[②]。

从中国与非洲各国贸易额分析，进出口额排名前三位的非洲国家分别是南非、安哥拉、埃及[③]。2023 年，中国已同非洲 53 个国家和 6 个地区建立了经贸联

① 金正昆，张宇炎 . 中非能源合作方式分析［J］. 广西社会科学，2018（7）：149.

② 数据来源：http：//xyf.mofcom.gov.cn/article/tj/zh/202307/20230703423421.shtml。

③ 数据来源：《中非贸易数据 2016 中国与非洲各国贸易数据以及相关排名》，中非合作论坛，http：//www.fmprc.gov.cn/zflt/chn/。

系，相互交流频繁[①]。毫无疑问，非洲已经成为中国发展对外经济关系的核心区域之一，对中国经济发展、能源安全具有重要的作用。未来中非能源合作在中国对外能源合作中的地位日趋重要，21 世纪中非能源合作的发展空间需要深入分析，中非能源合作的特点以及优势值得仔细总结（表 0–1）。

表 0–1 2022 年中国原油主要进口来源地

排名	国家	数量（万吨）	金额（亿元人民币）
1	沙特	8748.852	4323.830
2	俄罗斯	8624.807	3893.166
3	伊拉克	5548.667	2607.958
4	阿联酋	4277.085	2159.400
5	阿曼	8937.009	1937.614
6	马来西亚	3567.586	1468.382
7	科威特	3328.330	1636.955
8	安哥拉	3008.791	1495.302
9	巴西	2492.857	1239.876
10	哥伦比亚	865.314	382.747

数据来源：中国海关总署 http：//stats.customs.gov.cn/。

0.1.2.1 理论意义与现实意义

本书研究中非能源合作，具有一定的理论意义和现实意义。

其一，理论意义。在中国同非洲国家开展的能源合作中，中非能源合作实践呈现出多样化的特点，逐步形成四种具有代表性的能源合作模式。在 2000—2023 年这 23 年，中非能源合作蓬勃发展，涌现出很多新颖的、有价值的能源合作方式。然而，这些中非能源合作的实践方式并未得到很好的梳理和分析。对中非能源合作的实践方式深入研究将有助于概括出中非能源合作模式，提炼出特别的发展特点，分析出既有能源合作模式是否合理、可持续，并预测未来中非能源合作战略将如何进行调整。

其二，本书研究的现实意义有以下两个方面：

首先，本书的研究对于对中国潜在的能源运输风险，优化能源进口结构，保证能源安全，促进经济保持稳定、持续、高速的发展，具有一定现实意义。在相当长的一段时间内，中国的能源结构以富煤、缺油、少气为主要特点。随着中国经济的快速发展，能源需求逐渐攀升。自 1993 年后，国内的能源生产能力已无

① 数据来源：《中非经贸合作五十年》，http：//news.xinhuanet.com/fortune/2015-12/04/c_1117363082.htm。

法满足中国日渐增长的能源需求，能源进口的重要性与日俱增；保护中国的能源安全、持续获得稳定的能源供应成为国家发展战略和对外发展战略的核心议题之一。自 2015 年以后，中国已超越美国成为世界第一大石油消费国。然而，与巨大的能源需求形成鲜明对比的是，中国的原油产量却在持续下降。为满足国内日益增长的石油需求，中国不得不进一步提高原油的对外依存度。加之中国的原油主要从中东、非洲、拉美等地区进口。这些原油供应地区的实际运输路途遥远，国际局势、地区安全以及任何令石油市场动荡的重要或突发因素，都可能影响中国的能源供应稳定，甚至威胁中国的经济发展。

其次，本书针对部分西方媒体对中非能源合作过程的某些不实之词进行了澄清。自 21 世纪以来，随着中非能源合作的深入推进，中国在非洲的影响力不断提升，西方国家在非洲的能源开发中的一些不当利益受到一定程度的挤压，导致部分西方媒体对中非能源合作进行了无端指责[①]，部分西方媒体认为中非能源合作是建立在掠夺非洲资源的基础上，并未给非洲国家带来实际益处[②]。然而，本书通过对中国与 53 个非洲国家开展的能源合作分析发现，中非能源合作是在相互尊重的基础上，形成了互利共赢的合作模式。因此，本书对维护中国的国际形象、促进中非能源合作继续向好发展具有一定的现实意义[③]。

0.1.2.2 选择中国对安哥拉能源合作为案例的典型意义

中非能源合作实践中，以中国 – 安哥拉的能源合作最具代表意义。中国与安哥拉的合作以基础设施换石油（Infrastrucutre for Oil）为主要特征，深入探索了卓有成效的合作模式，根据中国 – 安哥拉能源合作特点，可将其归为以投资换能源模式。本书拟选取中国 – 安哥拉的能源合作作为案例进行深入分析，原因如下：

其一，中国 – 安哥拉的能源合作，是以投资换能源模式中最成功的案例之一，具有推广和借鉴价值。两国的能源合作始于 21 世纪初期，中国和安哥拉基于国家利益的考量，通过理性选择，认为对方是自己的最佳合作伙伴。两国的合作为双方带来了预期收益。中国通过与安哥拉签订产品分成合同，获得了能保障国家能源供应的“权益油”；自 2003 年以后，中国 – 安哥拉开展的能源合作取得了深远的国际影响，成为中非能源合作的典型案例。2022 年，中国从非洲（安哥拉占较大份额）进口的原油量居中国石油进口来源地的第三位，仅次于沙特和俄罗斯（图 0–1）。

---

① Michael Klare，Daniel Volman. America China and the Scramble for african’s Oil [J] . Review of African Political Economy，2006，33（108）：297–309.

② Joshua Eisenman，Joshua Kurlantzick. China’s Africa Strategy [J] . Current History，2006（5）：219–224.

③ Hong Zhao. BeiJing’s Oil Diplomacy [J] . Survival，2002，44（1）：114–134.

安哥拉以本国能源作为质押物，迅速完成了国内基础设施的战后重建，经济发展走上正轨，经济增长率在非洲一直名列前茅。时至今日，中国－安哥拉的能源合作模式仍然被应用于中国与其他国家的能源合作中。中国－安哥拉的能源合作中的某些价格标的、合同范本、项目规范化流程仍然是中国和其他国家进行能源合作谈判的参考，被以不同形式推广应用于中国与其他国家的能源合作中。例如，中国－安哥拉的能源合作模式被先后运用到中国与苏丹、尼日利亚、刚果（金）、刚果（布）等资源禀赋充足的国家的合作之中。

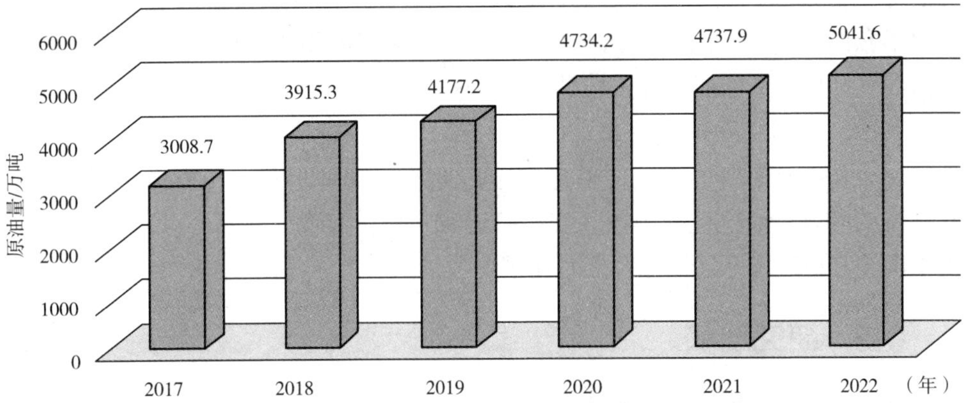

图 0–1　2017—2022 年中国从安哥拉进口的原油量

其二，中国－安哥拉的能源合作，体现了中非能源合作的不同发展阶段。根据中非能源合作的实践经验，中非能源合作可概括为四种合作模式：国家援助框架下的能源合作、以投资换能源、能源共同体、市场投资模式。2003—2018 年，中国－安哥拉在 16 年的合作历程中体现了后三种合作模式，研究此案例具有一定的代表性。2003—2007 年的中国－安哥拉能源合作以投资换能源为主要模式，然而随着安哥拉国内基础设施建设接近饱和，2008 年以后，安哥拉不愿再与中国继续沿用这一合作模式，两国的合作更多地体现出能源共同体模式和市场投资模式。因此，本书选择中国－安哥拉能源合作作为案例，能较为全面地观察中非能源合作的发展概况。

其三，中国－安哥拉的合作经历，体现了国际能源格局的变化以及两国的应对策略的调整。自 2008 年以后，国际能源格局正在发生深刻变化，具体表现为国际油气供需格局正在重塑，油气供应格局的中心由中东地区向北美转移，油气消费中心向新兴经济体聚集的东亚、东南亚等地区转移。伴随着国际油气供需格局的重塑，非常规油气资源得到大规模开发和利用，开采成本进一步降低。与此同时，光能、核能、地热能等可再生能源越来越受到各国的重视，相继出台政策加大对清洁能源的投资力度，鼓励使用清洁能源，清洁能源在能源消费结构中的占比不断提高。

面对国际能源格局的演变，中国和安哥拉两国及时应对，探索出了一条既适应国际能源格局变化、又符合两国发展需要的应对之道。2008 年以前，中国 – 安哥拉的能源合作以传统油气合作为主，安哥拉以本国的石油作为质押物换取中国对其进行基础设施建设。2008 年以后，伴随国际油价的持续走高，安哥拉国内基础设施建设基本完成，国际能源结构调整后，安哥拉继续执行既有合作路径的意愿不再强烈。鉴于此种情况，2008 年以后，中国 – 安哥拉的能源合作及时调整了合作思路，优化了合作路径，不再以石油作为两国合作的质押物，开始在深海油气区块、清洁能源等领域继续开展能源合作。

其四，中国 – 安哥拉能源合作中暴露的问题较为典型。虽然中国 – 安哥拉的能源合作取得了部分成效，但在 21 世纪以来的合作历程中，也暴露出很多具有共性的问题，通过梳理中国 – 安哥拉能源合作中出现的问题，可以趋利避害，为中国和其他国家开展能源合作时提供参考依据。

0.2 研究现状

当前，中国是世界第一大能源消费大国，中外学术界对中国对外能源合作的研究逐渐增多。学者围绕中国对外能源合作的内涵、动机、在国际能源格局中扮演的角色与国际能源格局的变化展开激烈讨论。

中外学者围绕中国对外能源合作的动机进行了充分探讨。部分学者认为能源是大国实现政治目的、在国际事务中提高影响力的手段。在中国的发展模式中，政治与经济发展目的结合在一起，国家的外交政策、对外发展战略应服务于国内发展战略。也有学者认为，虽然能源是中国外交的一个考虑因素，但并不是中国对外政策中最重要的考量标准。对于上述观点，邓丽佳[①]、查尔斯·E. 齐格勒[②]、露西·科尔金[③]、黛博蓉[④]等学者进行了反驳，认为国有企业在非洲获取能源的过程中，与政府的利益并不完全一致，吸引国有企业参与海外能源投资的主要驱动力是企业的经济利益。在中国的国有企业进行海外扩张的进程中，政府并未要求它们承担意识形态输出等政治任务。

---

① Erica S Downs. The Fact and Fiction of Sino–African Energy Relations［J］. China Security，2007，3（3）：42–68.

② Charles E Ziegler. The Energy Factor in China' s Foreign Policy［J］. Journal of Chinese Political Science，2006，11（1）：1–23.

③ Lucy Corkin. Uncovering African Agency：Angola' s Magement of China' s Credit Lines［M］. Ashgate Publishing Limited，2013.

④ Deborah Brautigam. The Dragon' s Gift：the Real Story of China in Africa［M］. Oxford：Oxford Univ. Press，2011.

关于中国在国际能源格局发展变化中的作用上。学者如马佳士、约书亚·柯兰齐克、艾米·迈尔斯·贾菲[①]、史提芬·W. 刘易斯、毕建海等认为中国在全球能源领域的扩张对美国等传统工业国家的利益造成威胁，中国巨大的能源需求不仅将打破国际原油市场的平衡，还将改变国际原油供给体系。与上述观点相左的是，部分学者虽然认为中国在国际能源格局中占据重要位置，但中国在发展中非能源合作时一贯奉行政治平等、不干涉内政原则，中国企业在非洲的投资模式不是“新殖民主义”，而是双赢的结果。

在既往的理论研究中，学者们多关注某一特定外交领域的变化，对 21 世纪以来的中国对外能源合作的整体发展思路缺乏系统梳理和抽象。国际学者中如南非学者伊恩·泰勒[②]、南非学者露西·科尔金[③]、美国学者辛迪·郝思特[④]等即是仅对中国与某一国家的合作方式进行了概括和抽象。

本章将从中国对外能源合作战略、中非战略的分析、中非关系的研究、中国对安哥拉能源合作的研究四个层面，对国内外学者的研究现状进行概括。

0.2.1 国内的研究现状

通过回顾目前的文献，国内外学者对于中国对外能源合作的研究主要集中于以下几个方面：

其一，对中国对外能源合作的研究。国内学者多关注对中国能源结构的分析和对未来中国能源战略的预测上。周大地、庞昌伟等学者主要研究中国目前的能源战略，并据此对未来中国能源战略进行预测分析，其中周大地的《中国能源供求前景与战略选择》对 2050 年中国的能源供求情况进行了细致的预测，认为到 2050 年中国的终端能源消费结构将发生重大变化，进口石油将成为中国石油供应的主要渠道[⑤]。潘光的《改革开放 30 年来的中国能源外交》一文[⑥]，对 1978 年以后中国能源外交的发展历程进行了细致梳理，作者通过对中国能源战略的全面分析，指出中国能源结构存在对外依存度过高、东西部发展不一致等问题，未来应通过五个方面调整中国的能源政策[⑦]。徐铭辰的《能源需求与中国能源外交的

① Amy Myers Jaffe，Steven W. Lewis. Beijing's Oil Diplomacy［J］. The International Institute for Strategic Studies，2002，1（44）：115–134.

② Ian Taylor. China's New Role in Africa［M］. Lynne Rienner Publishers，2009：40.

③ Lucy Corkin. Uncovering African Agency：Angola's Magement of China's Credit Lines［M］. Ashgate Publishing Limited，2013.

④ Cindy Hurst. China's Oil Rush in Africa［J］. Energy Security，2006（7）：3.

⑤ 周大地，朱跃. 中国能源供求前景与战略选择［J］. 中国经贸导刊，1999（14）：26–28.

⑥ 潘光. 改革开放 30 年来的中国能源外交［J］. 国际问题研究，2008（6）：29–34.

⑦ 周云亨，杨震. 多元化策略：中国对外能源合作之道［J］. 新视野，2012（1）：125.

三层空间》通过分析能源消费数量，认为中国当前的原油和天然气进口存在的主要问题是对海外原油进口的依存度过高，中国对外能源合作存在三层空间，通过对这三层空间的比较分析，作者指出中国能源安全存在的严重问题。作者将目前中国能源安全存在的问题分析得较为透彻①。王海运的《“丝绸之路经济带”建设与中国能源外交运筹》提出：中国应坚持上、中、下游多领域合作并举，践行人类命运共同体的发展理念、树立共同的能源安全意识，为地区稳定和关系和谐做出更多的贡献②。赵宏图的《透视能源外交——兼谈对中国能源外交的思考》认为能源外交的定义可分为以能源为手段的能源合作和以能源为目的的能源外交③。李格琴的《中国能源外交的新问题及其对策》具有问题意识，从当前中国对外能源合作面临的问题进行分析，并提出三种解决策略④。

其二，对中非能源战略的研究。查道炯、何琬、郑迎迎、伍福佐等中国学者重点关注了中非的能源合作特点；其中，查道炯教授在《中国在非洲的石油利益：国际政治课题》一文中梳理了国际石油贸易的三种形式，并进一步分别分析三种国际石油贸易的形式对能源合作发挥的作用⑤。姜璐、肖佳灵的《中国对苏丹的石油外交：政企角色研究》认为在 20 世纪 90 年代末期开始的中国 – 苏丹石油外交中，企业发挥了重要作用，中国石油做出进军苏丹的决定是基于提高企业收益、促进企业获得发展的考虑。中国政府是在看到中国石油进入苏丹获得了种种收益后，才给予中国石油相关政策支持⑥。

其三，对中非关系的研究，比较具有代表性的著作和文章如下：北京大学李安山教授《非洲民族主义研究》一书论述客观翔实，具有较高的学术价值⑦。周弘研究员的《对外援助与国际关系》详细分析了援助与国际关系的互动和影响方式，具有启发性意义⑧。刘海方副教授的《安哥拉》从社会、经济、文化等方面全面介绍了安哥拉的国情，数据翔实、介绍全面⑨。在国内已有的学术文章中，贺文萍研究员的《中国援助非洲：发展特点、作用及面临的挑战》认为：中国对非援助的历史可以以 1978 年为界限进行划分。1978 年前的中非援助以加强外交和政治关系为主要考虑因素，改革开放后的中非援助以寻求经济合作和共同发展为

① 徐铭辰 . 能源需求与中国能源外交的三层空间［J］. 中国地质大学学报（社会科学版），2014（2）：25.
② 王海运 .“丝绸之路经济带”建设与中国能源外交运筹［J］. 国际石油经济，2013（12）：20.
③ 赵宏图 . 透视能源合作——兼谈对中国能源外交的思考［J］. 国际石油经济，2007（10）：41.
④ 李格琴 . 中国能源外交的新问题及其对策［J］. 当代世界，2008（3）：56.
⑤ 查道炯 . 中国在非洲的石油利益：国际政治课题［J］. 国际政治研究，2006（4）：55.
⑥ 姜璐，肖佳灵 . 中国对苏丹的石油外交：政企角色研究［J］. 阿拉伯世界研究，2011（5）：42.
⑦ 李安山 . 非洲民族主义研究［M］. 北京：中国国际广播出版社，2004.
⑧ 周弘主编 . 对外援助与国际关系［M］. 北京：中国社会科学出版社，2002.
⑨ 刘海方编 . 安哥拉［M］. 北京：社会科学文献出版社，2006.

目标[①]。刘鸿武的《中非应建立知识共享与思想交流的伙伴关系》认为，非洲的复兴不应仅依靠政治与经济的独立，文化和思想方面也应加强重建，中非在发展经贸合作的同时，也应加强文化交流[②]。张春在《中非合作的政策空间变化与应对策略》一文中提出，由于各国在全球范围内战略规划意识增加，非洲与全球性发展战略牵涉更多，并且存在相互重叠与冲突，这使中非合作的政策空间愈加复杂[③]。

其四，对中国－安哥拉关系的研究。随着中国－安哥拉能源合作的成功推进，学术界对中国－安哥拉的能源合作的关注逐渐增多。较有代表性的学术文章如下：唐晓阳博士的《评析中国与安哥拉经济合作的新模式》进行了大量的实地调查，分析较为真实准确，采用图的方式介绍了中国－安格拉能源合作的流程[④]。此文展示了买方信贷的具体优惠政策，对于读者了解中国－安哥拉能源合作流程具有借鉴意义。安春英的《中国与安哥拉经济合作的利弊分析》对中国－安哥拉两国合作的有利和不利条件分别进行概括，她认为，两国经济合作的成功开展得益于两国良好的政治关系、互利互惠的经贸合作模式以及建立的信息共享平台[⑤]。刘青建、李源正的《中国与安哥拉经济合作特点探析》一文驳斥了新殖民主义的谬论，揭示以石油换贷款只是中国－安哥拉能源合作的起点，中国－安哥拉能源合作的价值在于中国在积极帮助安哥拉建立石油工业体系，支持其战后重建，帮助其建立独立的经济发展体系[⑥]。

其五，国内学者关注了近年来国际能源形势出现的发展变化。面对国际能源格局的变化及中国的应对方式这一前沿议题，许勤华[⑦]、崔守军[⑧]、史丹、马妍等学者均认为目前的国际能源生产格局呈现多极化趋势，这种趋势将对地缘政治造成巨大影响。本轮能源供需结构的调整使各国相继调整既有能源政策，其中，加强政府参与是各国进行政策调整的主要特征。崔守军认为随着能源领域的技术创新取得突破性进展，可再生能源的开采成本将进一步下降，能源供应格局呈现多极化趋势。何曼青认为国际能源格局变化主要受能源储量和分布、能源开发技术和开发能力两大因素的影响。胡森林在其著作《能源大变局：中国能否引领

① 贺文萍．中国援助非洲：发展特点、作用及面临的挑战［J］．西亚非洲，2010（7）：14.

② 刘鸿武．中非应建立知识共享与思想交流的伙伴关系［J］．当代世界，2015（12）：18.

③ 张春．中非合作的政策空间变化与应对战略［J］．西亚非洲，2015（3）．

④ 唐晓阳．评析中国与安哥拉经济合作的新模式［J］．西亚非洲，2010（7）：55-60.

⑤ 安春英．中国与安哥拉经济合作的利弊分析［J］．西亚非洲，2008（5）：20.

⑥ 刘青建，李源正．中国与安哥拉经济合作特点探析［J］．现代国际关系，2011（7）：31.

⑦ 许勤华．中国能源外交战略分析与思考［J］．教学与研究，2008，（12）：59-64.

⑧ 崔守军．能源大外交—中国崛起的战略支轴［M］．北京：石油工业出版社，2012.

世界第三次能源转型》中提出，目前世界的能源转型，既有化石能源内部的优化调整，也有能源供应格局的根本性调整[①]。

0.2.2 国外的研究现状

国外学术界对于中国－非洲能源合作的关注颇多，大致可分为四类：对能源合作理论的研究，对中国－非洲传统援助的研究、对中国－安哥拉经贸合作的研究以及对21世纪中非关系中存在问题的研究。较有代表性的文献具体如下：

俄罗斯学者斯·日兹宁的《国际能源政治与外交》一文认为：主权国家在对外能源政治和外交实践中的行为可概括为主权国家的对外能源政治为保障国家在能源开采、运输和消费领域的经济利益而采取的外交行为[②]。日本学者松本健一和国际能源经济学会希腊分会主席科斯塔斯的《在21世纪环境缓和情况下的东亚能源安全》一文，从环境与能源安全的关系入手，在可计算的一般均衡模型基础上，对中国、日本和韩国的能源安全战略进行数据分析。在《非洲在中国外交中逐渐增加的联系》一文中，葡萄牙学者艾利克斯·维纳斯提出了中国－安哥拉能源合作存在发展动力不足、管理水平低下等问题[③]。加拿大学者伊思拉·奥多姆在《中国在加纳能源领域的参与》一文中指出中国－安哥拉能源合作存在的问题，认为只有建立合理的规章制度，才能确保决策的透明，从而使中国－安哥拉的能源合作模式具有更好的发展前景[④]。印度学者亚达夫、苏里亚·纳拉因在《印度、中国和非洲：能源安全领域的新伙伴关系》一文中指出，能源安全是外交政策制定的决定因素，是中印两国在21世纪继续保持高速经济发展的核心驱动力[⑤]。

国外学者对于中国与非洲之间的关系研究颇多，著作颇丰。其中较有代表性的是《龙的礼物》一书，作者通过理性分析反驳了"中国在非洲的经贸投资是新殖民主义"等论调。美国布鲁金斯学会中国能源问题专家学者邓丽佳认为应当积极看待中国在解决苏丹达尔富尔问题上的努力，中国并没有为了从苏丹获得石油

---

① 胡森林．能源大变局：中国能否引领世界第三次能源转型［M］．北京：石油工业出版社，2015：188.

② Oystein Tunsjo. Hedging Against Oil Dependency：New Perspectives on China's Energy Security Policy［J］. International Relations，2010，24（1）：25–45.

③ Campos，Indira，Alex Vines. Angola and China："A Pragmatic Partnership"［J］. Center for Strategic and International Studies Conference on Prospects for Improving U.S.–China–Africa Cooperation，Chatham House：London，2008.

④ Isaac Odoom. Pipes In，Oil Out：China's Engagement in Ghana's Energy Sector［J］. Journal of Asian and African Studies，2015：1–25.

⑤ Yadav，Surya Narain. India，China and Africa：New Partnership in Energy Security［J］. India Quarterly，2011，67（4）：373–393.

而践踏苏丹的人权[①]。《对非洲石油的渴求》由英国学者亚历克斯·怀恩和英迪拉·康博斯共同完成，该著作指出：强烈合作驱动力是双方能源合作成功的基础，未来两国的能源合作将逐渐成长为一种实用和规范的模式。埃塞俄比亚学者范图·切鲁在《南方新兴力量及南南合作新方式：埃塞俄比亚与中国和印度的战略交往》一文指出，应客观评估新兴力量在非洲的影响。新型合作关系转变为双赢伙伴关系取决于非洲国家如何发挥作用，取决于非洲国家的政权性质，该国政权是否具有长远的国家发展愿景、必要的制度能力以及强势和坚决的政治领导[②]。

对于中国和安哥拉的关系，南非学者露西·科尔金认为，虽然西方国家频频指责中国 - 安哥拉的能源合作是新殖民主义的体现，但实际上中国 - 安哥拉两国的关系比想象中更加平等。安哥拉拥有中国需要的石油资源，在两国的谈判中，安哥拉人更容易对中国政府说不[③]。苏格兰圣安德鲁斯大学教授伊恩·泰勒在其著作《中国在非洲的新角色》中梳理了中非的能源政策发展变化的过程，分析了中国能源公司在非洲资源国获得青睐的原因。此书客观分析了中非能源合作政策，关注了政府、国有能源企业在其中扮演的角色[④]。

0.3 相关概念界定

在对 21 世纪中非能源合作进行分析之前，须先将文中涉及的关键概念进行界定，从概念着手开始论证。需要明确何为能源合作，何为中非能源合作？能源合作模式的定义是什么？

0.3.1 能源合作

本书中的能源合作是指，主权国家为保障能源安全，围绕开展能源合作，制定的外交战略，以及在外交战略指导下开展的实践活动。能源合作涵盖面较广，不仅指国家之间的能源合作战略，还包括实施能源合作的具体计划及相应的配套措施。

能源作为国家的重要战略资源，参与角色包括主权国家的国家元首和政府首脑、政府部门中的外交部门、经济能源部门、金融运输等部门，参与能源合作

① Erica S Downs. The Fact and Fiction of Sino-African Energy Relations［J］. China Security，2007，3（3）: 49.

② 刘鸿武主编 . 非洲研究［M］. 北京：中国社会科学出版社，2016 : 22.

③ Lucy Corkin. Uneasy allies : China’s Eolving Relations with Angola［J］. Journal of Contemporary African Studies，2011，4（29）: 175.

④ Ian Taylor. China’s New Role in Africa［M］. Lynne Rienner Publishers，2009 : 59.

实施的国有企业、各类银行以及多种所有制企业。为维护国家利益，保护能源安全，主权国家领导人负责能源合作战略的顶层设计。外交部门、负责能源事务的政府机构制定能源合作战略、政策，参与同其他国家开展的能源合作谈判。政策性银行在中国对非能源合作模式中主要起到承担风险的作用，运用资金杠杆，使能源合作模式有效运转。有别于传统商业银行，政策性银行的行为受到政府的指导，是执行国家重大政策的金融工具。能源企业、建设企业属于能源合作的实践参与者，这类企业的行为不仅要符合国际能源合作的整体战略和政策，还需维护公司经济利润，从而实现某种意义上的双赢或多赢结果。

0.3.2　对非能源合作

本书中的对非能源合作模式，指在 21 世纪中国与非洲国家开展的能源合作中，形成的方法、路径的总称。本书所研究的对象主要为 21 世纪以来的中非能源合作实践，涉及范围几乎涵盖全非洲，目前与中国开展能源合作的非洲国家的总数达到了 53 个。

本书中的中非能源合作模式是指，在中国与非洲国家的能源合作的实践过程中，通过一定的研究方法归纳出来的几种不同的能源合作的方法、流程、路径的总称。

0.3.3　能源合作模式

本书中的能源合作模式是指，国家在实施能源合作过程中的方法、流程与路径的总称。能源合作模式是国家能源合作系统化实施后的经验总结。一国的能源合作模式可以根据不同情况出现多种不同模式。能源合作模式不仅包括实施能源合作的过程，还需要进行理论性阐释。这种升华后的能源合作模式具有理论性的推广价值。对国家以后的能源合作模式具有指导和参考意义。

第 1 章　中国对外能源合作的历史

自 1949 年 10 月 1 日中华人民共和国成立之后，中国领导人和政府一直努力维护国家的能源安全、保护国家利益。1978 年改革开放以前，中国对外能源合作受意识形态和冷战格局的影响，初期主要与苏联等社会主义国家合作，规模较小。此种局面在改革开放之后发生了很大变化，中国对外能源合作不断扩大交往范围。随着国内经济飞速发展，城市化进程加速推进，中国居民对燃油汽车等交通工具的需求量不断攀升，导致国家对石油和天然气等能源的需求量不断攀升[①]。中国政府对能源合作的重视程度不断提高，能源安全愈加重要。进入 21 世纪以来，中国对能源进口的依赖程度与日俱增。2016 年，由于原煤和原油减产，全国一次能源生产总量仅为 34.6 亿吨标准煤，同比下降 4.4%。21 世纪以来全国一次能源生产总量首次出现大幅下降。煤炭、石油、天然气进口量加快增长，能源贸易总量也随之增长，全国能源进口总量约 8.9 亿吨标准煤，同比增长 17.1%，能源总体对外依存度升至 18.3%，见图 1–1~ 图 1–3[②]。

在上述背景下，国际能源合作的发展历程如何？现阶段的国际能源合作应如何维护国家的能源安全与国家利益？本章将对其进行系统阐述。

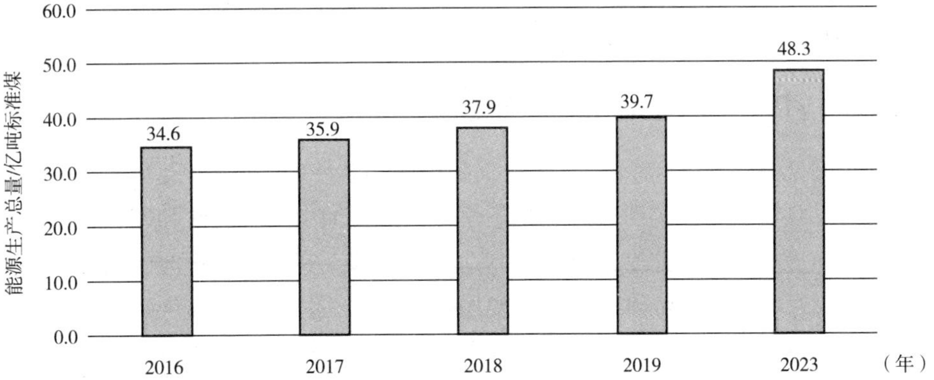

图 1–1　中国 2016—2023 年能源生产总量

（不含 2020—2022 年疫情期间）

数据来源：电力规划设计总院编著 . 中国能源发展报告 2024［M］. 北京：人民日报出版社，2024.

① David Zweig，Bi Qianbai. China’s Global Hunt for Energy［J］. Foreign Affairs，2005（10）：25.

② 电力规划设计总院编著 . 中国能源发展报告 2016［M］. 北京：中国电力出版社，2017：7.

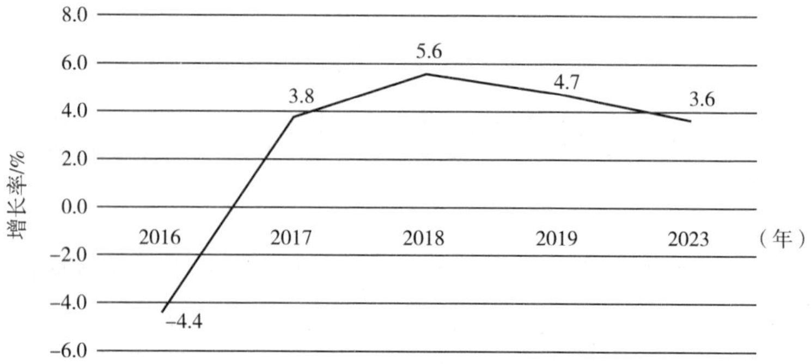

图 1-2　中国 2016—2023 年能源生产总量同比增长情况
（不含 2020—2022 年疫情期间）

数据来源：电力规划设计总院编著．中国能源发展报告 2024［M］．北京：人民日报出版社，2024.

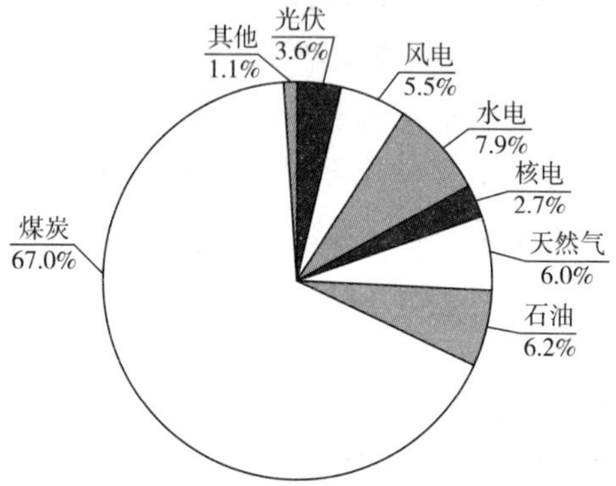

图 1-3　中国 2023 年能源生产结构

数据来源：电力规划设计总院编著．中国能源发展报告 2024［M］．北京：人民日报出版社，2024.

1.1　中国对外能源合作的发展状况及其特点

1949 年中华人民共和国成立之初，我国面临着严峻的生存环境，在“冷战”的背景下，以美国为首的西方国家拒不承认新成立的中华人民共和国，并不断从政治上和经济上为我国的生存与发展制造种种障碍。其中，禁止向中国出口石油是西方国家对中国采取经济封锁的主要国际方式之一。为巩固新生政权，我国第一代领导集体果断采取“三大外交政策”，取得了抗美援朝战争的伟大胜利，成功度过了政权的生存考验期。中国在苏联等社会主义国家的支持下，为保障国内经济建设和人民生活的需要，与社会主义国家建立起了良好关系，获得了苏联等国的有力支持，迅速建立起本国的能源工业体系，初步获得了基本能满足国家生存需要的能源供应。20 世纪 60 年代初中苏关系破裂后，经过中国石油工人的艰苦努力，在 20 世纪 60 年代中期建成了大庆油田等大油田。此后中国的石油产量不断增长，在满足本国生存的基础上，具备向朝鲜等国出口石油的能力。

但自 1993 年起，由于国内经济迅速发展，中国自身石油产量无法满足国内经济日益增长的能源消费需求。为保障国内能源的正常供应，中国开始从国外进口石油。海外进口石油的数量逐年增长。截至 2023 年，中国原油的对外依存度达到 72%。保障原油进口的稳定、维护运输通道的安全等问题成为维护国家战略安全的重大议题。能源合作在其中的作用也日趋重要。自中华人民共和国成立以来，中国的能源合作政策是什么？发生了怎样的变化？在不同阶段又有什么样的特点？非洲在中国对外能源合作中的地位和作用是什么？本章将一一进行具体的分析。

1.1.1 改革开放前中国对外能源合作及其特点（1949—1977 年）

改革开放前，中国对外能源合作举步维艰。这一时期能源合作的突出特点是：1963 年以前，中国对外能源合作受意识形态影响较大。因为在中华人民共和国成立时“三大外交政策”指导下（形象概括为“另起炉灶”“打扫干净房子再请客”“一边倒”）[①]，对以苏联为首的社会主义国家执行“一边倒”外交政策的同时，在经济能源的对外合作上也同样执行这一政策。

这一时期能源合作战略主要围绕中国同社会主义国家的关系进行设计。当时的中国对外能源合作针对性较强[②]。中国对外能源合作政策同冷战格局的制约、中国的生存环境、当时的经济发展水平有直接联系。可将 1949—1977 年的中国对外能源合作细分为两个时间段，以中国与苏联国家关系的变化为标准来划分。第一阶段为 1949—1963 年，这是中苏国家关系的正常时期，中国主要同苏联开展能源合作；第二个阶段是 1964—1977 年，这一阶段的中国对外能源合作开始走上独立自主之路。由于中苏关系出现裂痕，苏联单方面撤走参与中国能源建设的专家，撕毁既有合作协议。这一举动使中国领导人意识到石油是一种牵涉国家战略安全的重要能源，中国应自力更生，努力实现石油供应的自给自足。所以 1963 年以后，随着中苏关系的破裂，中国的能源战略的主要特点是自力更生，并开始探讨与能合作的国家进行初步的能源交往。

这一时期的第一阶段，“一边倒”政策收效显著。中国迅速获得石油资源和必要的技术支持，为国家的生存与发展奠定了良好基础，这对于百废待兴的中国

① 张历历 . 当代中国外交简史［M］. 上海：上海人民出版社，2016：7–8.

② 对于改革开放以前的中国对外能源合作，很多学者的观点分歧较大。潘光、许勤华、王海运等学者认为中国能源合作是改革开放后才真正开始的。而薛力、李昕、西蒙・瓦达尔等学者认为中国对外能源合作的历史应从中华人民共和国成立后就开始梳理，笔者较为同意后一种观点。

恢复国民经济、改善人民的生活十分重要。中华人民共和国成立后的前五年，苏联一直为中国提供大量的石油资源。虽然从 1955 年开始，中国石油的进口国有所扩大，但仍主要集中在社会主义阵营国家。中华人民共和国成立的前十年，中国一直维持 50% 以上的石油进口依存度[①]。

中华人民共和国成立后的第一个十年，我国面临严峻的生存考验，抗美援朝战争打了近三年、1953 年开始实施的第一个五年计划又处于执行的关键时期。由于中华人民共和国成立前留下的石油工业基础十分薄弱。无论是为国民经济重建的需要，还是为抗美援朝战争提供军需物品，大量、稳定的原油供给都是必不可少的。因此，通过在政治上支持以苏联为首的社会主义国家，换取苏联对中国的经济援助和技术支持，是成本最小、最为便捷的能源合作政策，符合当时的时代背景和国家利益需要。从实施效果分析，这一战略也基本达到预期目标，完成了中华人民共和国成立最初十年，巩固新生政权，重建国民经济的总体方针。

在中苏关系的正常时期，两国政治关系良好，经济联系紧密。苏联对我国的石油工业建设提供了大力帮助。这一时期的中国对外能源合作主要围绕石油合作展开。中国对外能源合作力图通过在国际政治上支持苏联换取其对中国经济建设的支持。具体表现为中国在国际舞台上支持以苏联为首的社会主义阵营，积极为社会主义国家发声，提高社会主义阵营在国际舞台上的影响力，帮助苏联与以美国为首的西方阵营进行对抗，力争在“冷战”中取得优势地位。作为回报之一，苏联对中国的能源工业建设提供支持。

这一阶段，中国可以直接从苏联进口石油、获取先进设备，大批的苏联专家来到中国，指导中国的建设。1950 年，中国第一家中外合资石油企业在新疆独山子成立，这标志着中国正式开启国际能源合作，这个过程离不开苏联的支持[②]。起初，独山子油田交通不便、人员奇缺、复工困难重重，独山子油田复工所需的钻机、井架等设备及技术人员都获得苏联的大力支持。经过几年的努力，独山子油田不仅成功复工，还能优化管理流程，实现降本增效[③]。

第二阶段为 1964—1977 年，由于中苏关系恶化，社会主义阵营已经分裂，西方国家仍然对中国采取敌视政策。面对恶化的生存环境，中国领导人意识到独立自主、自力更生是继续发展能源工业的唯一路径。石油等化石能源作为一种战略物资，不

① 李昕．中国石油外交模式探析——基于改革开放前三十年的思考［J］．大庆师范学院学报，2013（4）：37.

② 中国石油新疆油田分公司与中国石油新疆石油管理局编．新疆石油经济纪事［M］．北京：石油工业出版社，2008：19-20.

③ 薛力，等．中国的能源外交与国际能源合作（1949—2009）［M］．北京：中国社会科学出版社，2011：3.

仅关系着我国的经济建设，还关乎国家安全。只有走自力更生的发展道路，才能从根本上保证国家主权不受侵犯，才能使国家经济获得长远发展。

为摆脱对苏联的技术依赖，中国在石油炼制、钻井以及海上油气开发等领域攻坚克难，进行自主研发，并陆续取得了一定成就。在原油勘探领域，中国工人在松辽盆地发现并建成了特大型油田——大庆油田，在几次石油会战之后，中国的原油基本实现自给自足。同时，海上钻井领域也实现技术突破，为中国开发海上油田区块、扩展石油供应渠道提供了基本保障。

与此同时，中国开始发展同世界其他国家和地区的能源合作。这一时期中国的能源合作对象已不再局限于社会主义国家。中国开始与更多的国家展开技术交流。1964 年，周恩来总理会见日本关西经济访华代表团时，就提出“国际间的经济合作，包括贸易往来和技术合作等，要在平等互利的基础上来进行。”[①] 中国于 1976 年引进了美国设计、新加坡制造的南海 1 号自升式钻井平台；次年，该平台在北部湾盆地发现了工业油气流[②]。这一时期的中国在钻井领域开展的国际合作较多。20 世纪 60 年代，中国陆续使用过来自苏联、罗马尼亚、瑞典的钻深 1200~1600 米的钻机[③]。这反映出，中国领导人的外交理念在国际能源合作方面逐步体现出：中国应坚持自力更生，大力发展多元国际能源合作。

总之，改革开放前的中国对外能源合作呈现出以下特点：改革开放前的中国对外能源合作是在“冷战”背景下，综合考虑意识形态和国家利益的产物，这一阶段的中国对外能源合作处于起步阶段，呈现出规模小、形式单一、对象固定、手段简单等特点。国家间关系虽然具有意识形态的烙印，但国与国在实际交往过程中，国家利益仍然是中国领导人决策的主要考量因素之一。为成功度过生存考验期，中国选择站在以苏联为首的社会主义阵营一边，此举赢得了社会主义国家对中国的保护和支持，为中国的发展赢得宝贵的时间。这反映出，“一边倒”的外交政策是中国领导人审时度势，充分考虑中国所处的国际形势以及国内情况后，基于理性思考做出的最契合我国的国情和实际情况的最优选择。

在中苏关系破裂后，为打破苏联对中国的地缘威胁，中国的能源合作战略开始走上了独立自主、自力更生的发展道路。在 20 世纪 70 年代后，毛泽东主席适时提出了三个世界理论和“一条线”等外交思想，中国开始有意识地改善同以美国为首的西方国家的关系，在此思想的指导下，中国积极与日本、瑞典等西方国

① 中华人民共和国外交部中共中央文献研究室编 . 周恩来外交文选［M］. 北京：中央文献出版社，1990：413.

②《中国石油钻井》编辑委员会 . 中国石油钻井（综合卷）［M］. 北京：石油工业出版社，2007：96.

③ 薛力，等 . 中国的能源外交与国际能源合作（1949—2009）［M］. 北京：中国社会科学出版社，2011：5.

家开展经贸合作，这些举措极大地改善了中国的地缘政治环境，营造了安定、良好的经济建设环境。

1.1.2 改革开放之初中国对外能源合作的发展及其特点（1978—2000 年）

改革开放之后，能源特别是传统化石能源在国民经济中的重要性日益显现。能源合作在国家对外经济合作中发挥的作用也与日俱增。这一时期，中国能源合作的突出特点是：意识形态对能源合作战略的影响迅速降低，中国开始以平等互利为原则开展新时期的能源合作。在此影响下，能源合作的手段、合作对象也愈加丰富。

改革开放后的中国对外能源合作，可细分为两个阶段。1993 年中国从石油出口国变为石油净进口国，能源合作的策略也随之调整。因此，可以以 1993 年为界限，将改革开放后至 1992 年为第一阶段进行分析；以 1993—2000 年作为第二阶段进行分析。

第一阶段：1978—1992 年。在此阶段，中国对外能源合作以自力更生为主要原则，提倡开展中外能源交流合作。改革开放以后，中国外交政策的重点是大力发展经济[①]。1978 年，中国已成为世界第八大石油生产国，中国当时的石油产量不仅能满足国内经济的发展需要，还能将富裕的原油出口。这一阶段的中国对外能源合作已逐渐从无偿援助向平等互利转变。这种变化为 21 世纪中非能源合作的蓬勃发展奠定了良好基础。

当时的国际能源市场受两伊战争的影响，中东地区为世界供应的石油总量急剧减少。与此同时，中国石油出口量在逐年提升，1985 年中国石油出口量达到最高峰（3003 万吨）[②]。中国成为当时世界主要石油生产国之一。在此背景下，中国秉承平等互利原则同世界各国和各地区广泛开展能源合作。20 世纪 80 年代是中国经济发展的起步阶段，加大能源产业的投资力度，提高能源供给能力是这一阶段中国对外能源合作的主要目标，由于中国是世界主要石油生产国之一，虽然能源消费量不断增加，但国内的石油产量可以满足经济需要[③]。

在这一阶段，中国通过引进设备和技术交流等方式在油气供应领域、石油钻井领域、海洋石油勘探领域同世界各国开展了广泛的合作。1978 年 3 月 26 日，国务院做出决定：直接与海外石油公司建立商务联系，加快中国海上石油勘探开发，

---

① Judith van de Looy. Africa and China : A Strategic Partnership? ASC Working Paper 67/2006 [J] . The "Afrikadag" Organized by the Evert Vermeer Stichting at the Haagse Hogeschool in the Hagus，2006（4）: 4.

② 潘光 . 改革开放 30 年来的中国能源外交 [J] . 国际问题研究，2008（6）: 29.

③ 王海运，许勤华 . 能源外交概论 [M] . 北京：社会科学文献出版社，2012 : 32.

这对中国海洋石油工业之后的发展具有深远影响[①]。此后，中外钻井合作在东部和西部以及海上大规模铺开，和改革开放前相比，此阶段中国在钻井领域的国际合作具有规模更大、覆盖面更广、合作形式也更多样的特点。在 1986—1987 年，中国地质矿产部与日本石油公司合作，在内蒙古鄂尔多斯北部白垩统构造钻 1 口参数井。1986—1988 年，聘请美国钻井公司在四川德阳合作钻探第 1 口普查井——川合 100 井[②]。通过更为广泛的国际合作，从先进国家引进设备，培养中方技术人员学习先进的技术，中国迅速提高了钻井质量、钻井效率和经济效益。

第二阶段：1993—2000 年。在此阶段，为了拓宽能源进口渠道，中国政府加强了国际合作交流，丰富了能源进口来源地，优化了中国能源消费结构。随着国民经济的迅速发展，中国对能源的需求不断提高，然而国内石油产量并未相应提升，1993 年中国由石油出口国变为净进口国。在这一时期，工业部门能源消耗的比重也在迅速上升[③]。面对中国不断增长的能源需求，国内的能源供应却跟不上经济发展的需要。中国需要逐渐增加能源的进口比例，自给自足的既有战略已无法满足新时期中国对外能源合作的特点。对此，中国政府鼓励国有能源企业走出去，对国有石油公司（中国石油、中国石化、中国海洋等）在海外的投资予以政策的倾斜和支持，以保证中国获得安全、稳定、可靠的能源供应。经济上的相互依赖促使中国不断调适外交政策中激进的部分，以更好地保护中国的能源安全[④]。

这一阶段，中国的主要石油来源地为波斯湾地区，对这一地区的依赖较强。为保证中国能持续、稳定地获得能源供应，中国领导人开始有意识地加强同更多国家和地区的联系，丰富能源供应渠道。在苏联解体后，中国领导人从大局出发，积极发展同俄罗斯的友好关系，寻求能源合作的机会。中国 - 俄罗斯的能源合作是以互利互信的原则为基础的。一方面，中国的能源市场对俄罗斯有强烈的吸引力，俄罗斯企业不仅能给中国提供能源，拓宽能源供给渠道，还能为中国能源企业提供设备、技术和服务，另一方面，俄罗斯能提供较为充足的能源，丰富中国能源进口渠道，中俄的能源合作是互利共赢的体现。

有美国学者认为：北京此时正在综合利用政治、外交以及经济杠杆在国际社会寻求长期、多种类的能源供给[⑤]。中国通过大力发展多边能源合作，在国际能

---

①《中国石油钻井》编辑委员会 . 中国石油钻井（综合卷）[M] . 北京：石油工业出版社，2007（95）: 100.

②《中国石油钻井》编辑委员会 . 中国石油钻井（综合卷）[M] . 北京：石油工业出版社，2007（95）: 308.

③ 赵剑 . 世界能源战略与能源合作 [M] . 北京：知识产权出版社，2011 : 68.

④ Charles E. Ziegler. The Energy Factor in China's Foreign Policy [J] . Journal of Chinese Science，2006（11）: 1.

⑤ Charles E. Ziegler. The Energy Factor in China's Foreign Policy [J] . Journal of Chinese Science，2006（11）: 8.

源组织中积极发声，加强与世界各国的沟通交流，广泛开展多边能源合作。1995年以后，中国对外能源合作的主要目的是维护能源进口安全。随着冷战的结束，国际政治格局中呈现“一超多强”的特点，第三次科技革命对世界的方方面面产生了深刻影响，全球化迅速扩展给世界带来的影响正深入世界各地。这些变化促使中国需要在保持传统双边能源合作的基础上，运用多边能源合作机制，开展多种形式的能源合作。20 世纪 90 年代后，中国不断加强与国际能源署等多边能源合作组织的合作。中国相关方面参与、组织的国际能源会议多达数十次。在中非能源合作领域，中国就是借助中非合作论坛这一平台与非洲各个国家开展能源合作，签订政府间框架协议。中国政府积极鼓励中国的国有企业与有能力的各类大企业进入非洲投资。

1.1.3 21 世纪以来的中国对外能源合作及其主要特点（2001 年至今）

进入 21 世纪后，中国对外能源合作的突出特点是：全面加强与世界各国的能源合作，呈现出重点突破、多效并举的特征。这一时期的能源合作以维护国家的能源安全、优化能源进口结构、降低对外依存度为主要目标，国家为实现上述目标开展了灵活多样的能源合作。

进入 21 世纪后，国际形势日趋复杂，2001 年 4 月发生中美南海撞机事件、2001 年 9 月发生美国“9・11”恐怖袭击事件，阿富汗战争、第二次伊拉克战争等局部战争此起彼伏，世界安全形势持续动荡。在此背景下，西方国家加紧了对产油国的控制和渗透，中东地区政治形势极不稳定。美国为加强对中东地区的控制，扩大其影响力，发动了阿富汗战争、第二次伊拉克战争。时至今日，阿富汗、伊拉克的战后重建举步维艰，国内政治安全形势极不稳定，原先存在的基地组织、后起的伊斯兰国等恐怖势力仍蠢蠢欲动。而海湾地区的阿拉伯国家之间的矛盾也日趋激烈。原本沙特、阿联酋、巴林、卡塔尔以及埃及之间具有传统友谊，这些国家的宗教信仰均属伊斯兰逊尼派。然而，在 2017 年卡塔尔与其他诸国的传统友谊出现裂痕后，沙特、阿联酋、巴林、埃及四国宣布断绝与卡塔尔的外交关系，此外，沙特、阿联酋、巴林、埃及四国宣布对卡塔尔进行封锁，引发地区局势的动荡。主要原因是以上四个国家要求卡塔尔与信仰什叶派的伊斯兰国家伊朗断交，然而卡塔尔拒绝了四国的建议，从而引发断交风波。

中东的紧张局势威胁了国际油气供应的稳定。对中国而言，在世界主要供油国局势不稳定的情况下，保证国家能源安全成为重中之重。中国经济增速保持高位，对能源的需求量也逐步攀升。中国的现行能源结构存在过于依赖进口、对外依存度过高、进口结构单一等问题，加之中国石油主要的供应地与中国的距离较远，运输安全风险较高[①]，上述问题均会对国家能源安全造成不利影响。由于中国清洁能源的技术水平尚待进一步发展，目前中国的能源消费结构中石油仍占据较大比例，中国石油的对外依存度在逐年提升。

有鉴于此，推行多元化能源合作战略，可以有效分散能源安全风险，避免由于海外石油供应地过于集中、国际油价震荡明显带来的石油供应隐患[②]。2001 年，中国正式提出了国际能源合作多元化发展战略，确立了“积极利用海外资源，建立海外石油、天然气供应基地，实行石油进口多元化”的能源战略方针[③]。这一战略和中华人民共和国成立初期的“一边倒”政策、20 世纪 60 年的自力更生战略以及改革开放后的加强国际合作相比，又有了新的发展与变化。这一战略适应了中国的能源安全形势，能满足新时期的国家能源需求，符合 21 世纪国民经济发展的新需要。在新的能源合作战略指引下，中国政府支持能源企业走出去，大力开拓海外市场，拓宽中国的能源供给渠道。21 世纪以后，中国逐渐形成以政府支持为背景，企业主导实施的国际能源合作的新形式，并在海外能源市场上取得突破。

在“多元化”能源合作战略的指引下，中国提出“走出去”的具体实施方案。具体思路之一就是鼓励中国能源企业走出国门，探索同世界其他国家建立长期能源合作关系。实施策略是通过与资源国签订长期合同或是在海外建立能源工业基地获取外国能源[④]。与直接购买原油相比，执行“走出去”战略可以帮助中国能源企业与资源国建立长期合作关系，不仅能通过长线投资，获得稳定、持续的能源供给，还省略了中介交易环节，交易成本也相应降低，有助于中国能源企业降本增效。中国在同非洲开展能源合作中便体现了这一思路，在非洲建立一体化的石油工业体系，既能帮助非洲国家发展本国工业体系，又可以通过此种长周期投资帮助中国获得稳定的能源供应，降低能源断供的风险，可谓一举两得。

而中国 – 安哥拉的能源合作是新时期中非能源合作的成功范例。两国本着互利共赢的原则，探索形成了颇具创造性的合作模式，保障中国获得了稳定可靠的能源，也为安哥拉迅速开展战后重建[⑤]提供了必要支持。关于中国 – 安哥拉能源合作的具体实施路径，将在第 4 章予以详述。

---

① Charles E. Ziegler. The Energy Factor in China’s Foreign Policy［J］. Journal of Chinese Science，2006（11）：19.

② 王海运，许勤华 . 能源外交概论［M］. 北京：社会科学文献出版社，2012：32.

③ 数据来源：全国人民代表大会，中国人大网，http：//www.npc.gov.cn/index. html。

④ Ian Taylor. Unpacking China’s Resources Diplomacy in Africa［J］. China in Africa，2007，35（10）：1–34.

⑤ Thompson Ayodele，Olusegun Sotola. China in Africa：An Evaluation of Chinese Investment［J］. IPPA Working Paper Series，2014.

1.1.4 中非能源合作的发展历程及其特点

中非能源合作，总体上以互利共赢、灵活多样、因地制宜为主要特点。中非能源合作在相互尊重、合作共赢的原则指导下稳步推进；企业在中非能源合作中发挥了重要作用；逐渐形成了以政府为主导的灵活多样的合作模式；帮助撬动了部分非洲国家的工业化发展进程。

中非能源合作的起点应从 1996 年开始的中国 – 苏丹能源合作算起。在此之前，中国虽与非洲国家保持着一定程度的政治、经济往来，但是经贸合作的形式主要以传统单方面对非援助为主，中国向非洲很多国家无偿捐赠食品、物品，修建一些地标性的建筑物等。中国与非洲是传统型的援助国与受援国之间的关系，与市场型的互惠互利的能源合作有一定区别。

但是自 1996 年以后，中国 – 苏丹开启了中非能源合作的创新发展之路。21 世纪后，中国不断拓展能源合作的对象，通过探索互惠互利的合作模式，中非能源合作发展迅速。中非通过开展能源合作，丰富了双方的合作形式，双方的合作空间被不断扩大，从中获得的收益也越发明显。2003 年开始的中国 – 安哥拉能源合作标志着中非能源合作迈上一个新台阶，双方的合作不仅规模更大，影响更深远，而且为双方带来了切实的利益，并在非洲形成了示范效应。自此以后，更多的非洲国家加入中非能源合作之中，并与中国共同探索出多种合作模式。

2008 年以后，中非能源合作出现了一定的制约因素。受 2008 年美国金融危机与国际能源格局重塑的影响，中非能源合作的既有合作模式已不足以应对复杂多变的国际形势，中国政府针对国际能源格局的发展现状，尝试寻找替代性的选择模式，以更好地实现国家的能源合作战略目标。

1.2 中国对外能源合作发展的动因

中国对外能源合作的根本目的是促进经济发展、保护能源安全。在传统化石能源中，石油安全的重要程度最高。石油作为一种战略性资源，由于储量有限、分布不均衡，世界主要石油消费大国对其争夺日趋激烈[①]。目前随着世界能源消费重心加速东移，发达国家能源消费量基本趋于稳定，新兴经济体的能源消费量增长较快，亚洲国家的能源消费量迅速提高。其中，中国作为经济发展潜力最大的发展中国家之一，由于国内能源供应无法满足日益增长的能源需求，能源对外依存度不断提高，石油等主要化石资源主要依赖进口。为保障中国获得稳定、可

① 中国现代国际关系研究院经济安全研究中心编 . 全球能源大棋局［M］. 北京：时事出版社，2005：328.

靠、长期的能源进口渠道，中国需要运用外交手段，与世界主要能源出口国建立联系，以良好的双边关系促进双方深化能源合作。中国政府为国有企业及其他企业参与国际能源合作，在海外国家投资建厂提供外交和政策支持。这是中国对外能源合作在 21 世纪发展的内在动因，本节将就此予以详述。

1.2.1 中国经济发展所带来的强劲能源需求

进入 21 世纪以来，中国能源供需增长速度较快。国民经济对能源的需求日益增加。2016 年中国全年国内生产总值 744127 亿元，比 2015 年提高 6.7%。2016 年，预计全国能源消费总量约为 43.6 亿吨标准煤，同比增长 1.4% 左右。2016 年非化石能源消费比重达到 13.3%，同比提高 1.3%；能源生产总量约为 34.3 亿吨标准煤，同比降低 5.1%[①]。截至 2015 年底，中国主要矿产查明储量保持增长。石油查明资源储量 35 亿吨，天然气查明资源储量 5.2 亿立方米，煤炭查明资源储量 15663.1 亿吨[②]，见图 1–4~图 1–7。

飞速发展的国民经济使中国对能源的需求不断攀升，而本国能源供应能力的欠缺使中国不得不依赖进口，能源对外依存度不断提高。2016 年，中国包括原油、成品油、液化石油气和其他产品在内的石油净进口量上升 9.9%，达到 3.783 亿吨，占中国油品消费量 5.62 亿吨的 67.3%，进口依存度达到 67.3%[③]。

由此可见，中国飞速发展的国民经济，不断提高的国民生活水平，对能源特别是清洁能源的需求不断攀升，带来了强劲能源需求。

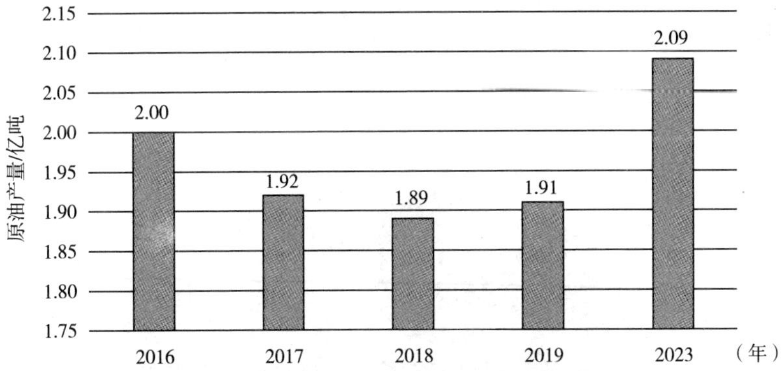

图 1–4 2016—2023 年中国原油生产情况

（不含 2020—2022 年疫情期间）

数据来源：电力规划设计总院编著 . 中国能源发展报告 2024［M］. 北京：人民日报出版社，2024.

① 电力规划设计总院编著 . 中国能源发展报告 2016［M］. 北京：中国电力出版社，2017：3.

② 中华人民共和国国土资源部 . 2016 中国国土资源公报［R/OL］. http：//m.mnr.gov.cn/.

③ 田春荣 . 2016 年中国石油进出口状况分析［J］. 国际石油经济，2017（3）：16.

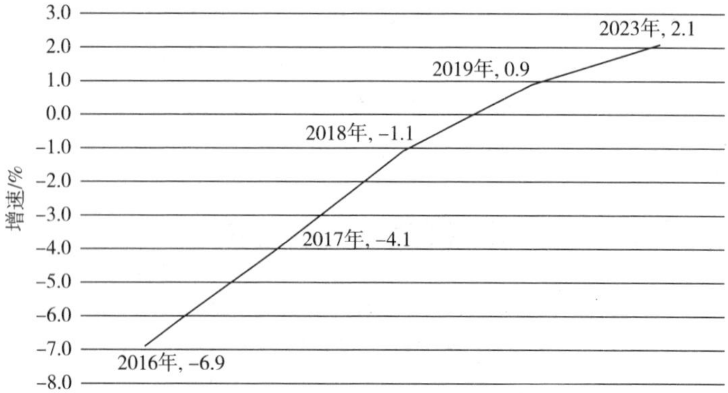

图 1-5　2016—2023 年中国原油生产同比增速
（不含 2020—2022 年疫情期间）

数据来源：电力规划设计总院编著．中国能源发展报告 2024［M］．北京：人民日报出版社，2024.

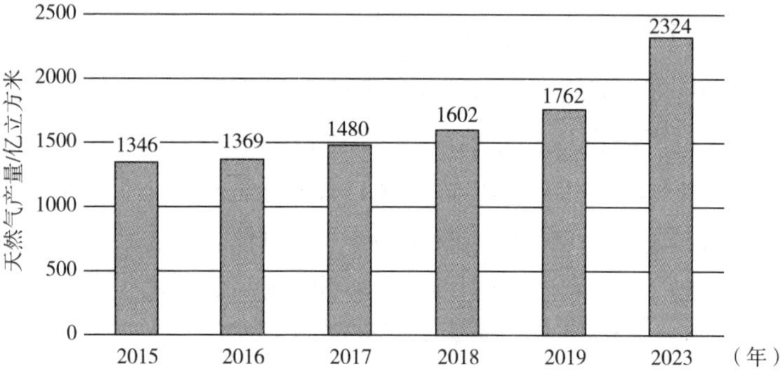

图 1-6　2016—2023 年中国天然气的生产总量
（不含 2020—2022 年疫情期间）

数据来源：电力规划设计总院编著．中国能源发展报告 2024［M］．北京：人民日报出版社，2024.

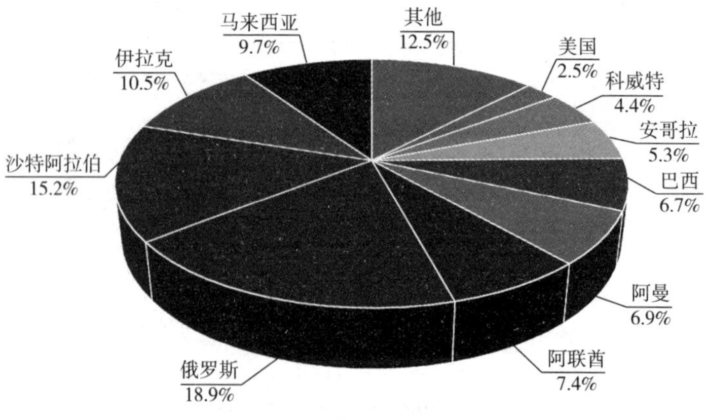

图 1-7　2023 年中国原油的进口来源地

数据来源：中国海关总署。

1.2.2 自身能源供应能力存在着较大限制

由于国内能源需求的增长，中国的能源出口量也在逐年减少。自 1993 年以后，中国存在能源供小于求、天然气发电能力有限、生态环境不佳等问题。其中，国内石油的供给缺口较大。据估计，1995—1997 年中国每年的能源赤字超过了 5000 万吨油当量。20 世纪 90 年代中国石油的年均进口量超过 1500 万吨[①]。面对中国能源安全存在的种种问题，能源合作能起到的保障作用就愈加明显。1993 年后，中国对外能源合作的首要目标是保障中国的能源进口安全，而外部石油供应来源的多元化是保障能源安全的重点。自 1993 年以后，中国对石油进口的依赖程度开始逐年提升[①]。

中国国内能源供应能力的局限，对中国经济造成一些负面影响。中国能源结构的主要特点为富煤、缺油、少气。而国内油气需求与供应能力之间存在较大缺口，国内原油供应不足，致使中国不得不依赖海外能源，过于依赖能源进口又对中国的经济造成了种种不利影响，一旦应对不当，会使中国经济陷入恶性循环。未来，预计中国的能源供应能力与需求量之间的缺口难以消弭，为满足国家的经济发展需要，中国的能源供应需更加依赖进口。在此过程中，中国国际能源合作能够起到的供应保障作用也就更加突出。

1.2.3 能源进口的运输安全性问题

目前中国的石油对外依存度除了过高，能源运输安全对于维护中国能源的供需稳定同样十分重要。对于中国对外能源合作来讲，当务之急是保护中国能源的运输安全，维持运输通道的畅通。目前，印度洋、马六甲海峡、南海是中国从中东和非洲进口石油的必经之路。这一地区的安全形势对中国的能源安全至关重要。巽他海峡是中国从南海西面或南面航行的油轮和其他船只的必经之路，通往中国的油轮需途经此地。此外，龙目和望加锡海峡也是中国进口石油等战略物资的咽喉要道，绝大多数大型油轮需经过此海峡[②]。这三条海峡是中国能源运输的重要线路。因此，南海和马六甲海峡的安全与稳定对保护中国能源进口安全十分重要，中国政府向来十分重视这一地区的安全与稳定。

然而，鉴于南海、马六甲海峡以及巽他海峡具有的重要地缘战略位置，美国等西方大国将其视为遏制中国崛起的关键区域。对美国而言，中国的迅速发展

① 斯・日兹宁 . 国际能源政治与外交［M］. 上海：华东师范大学出版社，2005：168.

② 赵剑 . 世界能源战略与能源合作［M］. 北京：知识产权出版社，2011：245.

使其心存警惕，“中国威胁论”在美国国内大行其道。“二战”后，美国一直影响着东亚地区的形势。特别是近年来，为防止中国的迅速崛起，美国在东北亚地区可谓动作频频。从 2010 年起，美国开始执行“亚太再平衡”政策，东北亚地区的安全局势较为紧张。2016 年，美国不顾中国、俄罗斯的强烈反对，宣布将在韩国建设引起全球战略严重失衡的“萨德”反导系统。此外，为促成美日韩建立军事同盟，这几年美国一直在推动加强与日、韩的军事合作，2016 年末美、日、韩三国签订《日韩军事情报互换共享协定》。美国的上述行动均蕴含遏制中国发展的战略目的。此外，美军公开在南海挑衅中国的领土主权。从 2015 年 10 月起，美国的驱逐舰、航空母舰多次进入中国主权水域进行挑衅。2016 年 6 月，美国海军派两个航空母舰战斗群到南海开展联合军事演习[①]。这段时间美军飞机、轮船频繁出现在南海的主要原因是，美国认为，南海是中美军事力量博弈的重点地区，对其维护全球霸权有重要意义。

由此可见，能源进口的结构性问题为中国能源安全带来了一定隐患，如不及时加以解决，恐怕会威胁中国的能源安全，中国的石油供应将面临“断供”的风险。因此，中国需大力发展能源合作，减轻能源进口的结构性问题，保护能源的运输安全。通过同周边国家建立并保持良好的政治关系，维持能源运输通道的畅通，保护地缘政治安全。此外，中国通过双边外交和多边外交等多种形式和平台，与更多能源出口国建立起贸易关系，积极开拓能源运输渠道，减轻对南海和马六甲海峡的依赖。

1.3 非洲在中国对外能源合作中所处的重要位置

非洲地区作为世界第二大洲，拥有三千万平方千米土地。非洲大地资源丰富，能源禀赋充足，越来越受到国际社会和能源市场的关注，西方国家对非洲的能源争夺有愈演愈烈的趋势。非洲的石油储量丰富，种类齐全、品质优良，其中几内亚湾地区的石油品种十分丰富，原油大多属于优质轻原油，含硫量以及矿物成分极低，易于提炼加工，符合中国的石油炼化标准；尼日利亚、安哥拉等资源大国的原油质量高，易于开采，因此受到世界主要能源消费国的青睐[②]。此外，在非洲开采石油所需花费的人工成本较低，可有效降低企业的生产经营成本。上述种种优势，使得西方国家不会轻易放弃对非洲的石油控制。

中华人民共和国成立后，中国政府为打破西方外交封锁，通过多个场合与

①《华盛顿邮报》网站 2016 年 6 月 20 日报道，转引自《参考消息》，2016 年 6 月 22 日，第 14 版。

② 赵剑 . 世界能源战略与能源合作［M］. 北京：知识产权出版社，2011：169.

非洲国家进行了接触。1956年5月16日，中国和非洲国家埃及建立正式外交关系，这是第一个和中国建交的非洲国家。标志着中非关系开启新的合作轨道。之后，中国逐步和更多的非洲国家建立正式的外交关系。截至2018年，中国已经和53个非洲国家建立了正式的外交关系（非洲只有1个国家还未和中国建立正式的外交关系）。

几十年来，中国通过实际行动赢得了绝大多数非洲国家的拥护和支持。非洲国家普遍认可中国在国际舞台上发挥的作用，拥护“一个中国政策”①。在中非经济合作层面，早期的中非经济合作以向非洲提供传统援助为主。自中埃建交后，中国开始对非洲进行援助，援助对象包括已建交和尚在争取民族独立的国家。1964年，周恩来总理在非洲提出了对外援助八项原则，为中非友谊的发展奠定了良好基础。中国对非洲的援助主要有三种形式：建设工程项目、提供医疗队以及为非洲来华留学生提供奖学金。至今已向47个非洲国家输送15000名医生和医务工作者,使超过180万名非洲患者得到及时治疗②。中国对非洲的援助使中非在政治上结下深厚友谊，大部分非洲国家在国际场合对中国一直鼎力支持。进入21世纪后，中非关系继续加强和深化。双方多年形成的良好关系对中国提升国际影响力、开展对非经贸合作、实施能源合作战略具有重要作用。

21世纪以来，通过成立于2000年的中非合作论坛（每三年举行一次），中非关系迅速加强和深化。此后，中国能源进口的主要来源地集中在中东、俄罗斯以及非洲地区。这说明，非洲在保障中国能源安全中的作用显著，中非能源合作是中国对外能源合作的重要组成部分之一。中非能源合作的有效实施促使中国获得持续、稳定的能源供应、维护中国进口能源渠道的稳定，丰富中国的能源进口来源。

非洲作为中国最重要的能源合作伙伴之一，双方合作发展潜力巨大，大力发展中非能源合作对保障中国的能源供应具有重要意义。中国政府历来对中非关系十分重视，自1991年起，中国历届外交部部长把非洲作为新年出访的首站③。中国正在积极寻求同非洲国家展开多种类型的能源合作④。2016年中国一次能源消费量为305300万吨，位居世界第一，占全球一次能源消费量的23%，其中石油消

① Lucy Corkin. Uncovering African Agency：Angola’s Magement of China’s Credit Lines［J］. Ashgate Publishing Limited，2013：73.

② Judith van de Looy. Africa and China：A Strategic Partnership? ASC Working Paper 67/2006［J］. The “Afrikadag” Organized by the Evert Vermeer Stichting at the Haagse Hogeschool in the Hagus，2006（4）：6.

③ Lucy Corkin. Uncovering African Agency：Angola’s Magement of China’s Credit Lines［J］. Ashgate Publishing Limited，2013：64.

④ Ian Taylor. Unpacking China’s Resources Diplomacy in Africa［J］. China in Africa，2007，35（10）：1–34.

费量为 57870 万吨，仅次于美国，位居世界第二，占全球石油消费量的 13%，而中国的石油产量仅为 19970 万吨。非洲国家能源储量丰富，国内消费量低，2016 年非洲国家一次能源消费量为 44010 万吨，石油消费量为 18540 万吨。

从近十年中国进口石油的数据统计分析，2016 年，非洲作为整体成为中国最大的原油进口地（6790 万吨），俄罗斯为中国第二大能源进口国（5250 万吨），沙特为中国第三大原油进口国（5100 万吨）①。2022 年在中国石油进口额前 20 位中，非洲国家占了 5 席，其中安哥拉排在第 7 位，刚果（布）排在第 13 位，利比亚排在第 16 位，加蓬排在第 18 位，加纳排在第 20 位。2023 年非洲国家在中国石油进口额中的排位差不多。因此，非洲是中国重要的能源战略合作伙伴，研究 21 世纪中非能源合作具有重要意义。本节将对非洲在中国能源进口中的地位进行具体分析。

1.3.1 构成了中国能源的主要供应来源之一

中非能源合作，是中国对外能源合作重要的组成部分之一。中国的能源合作有两个目标：短期目标是中国进口石油需满足中国的国内经济发展需求；长期目标是让中国成为国际石油市场上的全球参与者②。长期以来，中东地区一直是中国原油进口的最主要来源地。中国从中东地区进口的石油总量占全部石油进口量的一半，甚至更多③。2022 年在中国石油进口额中，前 5 位中沙特排在第 1 位，伊拉克排在第 3 位，阿联酋排在第 4 位，阿曼排在第 5 位。一旦中东地区出现政治风险，就会威胁中国的石油供应安全。为保证中国的能源安全不受某一国家或地区能源产量变化的影响，保证中国不间断地获得能源供应，中国需要逐渐减少对某一国家或地区能源进口的依赖，保证石油进口来源的多样化。因此非洲在中国对外能源合作中的作用就凸显出来，中国通过积极发展与非洲的能源合作，可以在一定程度上满足国家不间断地获得能源供应的战略目标。

一直以来，中国的能源进口结构存在对外依存度高、进口国家较为单一等劣势。随着中国能源需求的不断增加，一旦中国的主要能源进口国出现政局动荡、某些反华势力掌握政权后采取撕毁协议等违约行为，中国进口能源的某一渠道就有可能会出现断供的风险。

在中国石油进口的主要来源地中，中东地区一直是中国最主要的能源来源地之一，一旦中东国家政治局势不稳，新政府的对华政策就可能出现重大摇摆，甚

① 数据来源：BP 世界能源统计年鉴［R］，https：//www.bp.com/zh_cn/china/reports-and-publications.html.

② Ian Taylor. Unpacking China’s Resources Diplomacy in Africa［J］. China in Africa，2007，35（10）：1-34.

③ 王强，陈俊华 . 基于供给安全的我国石油进口来源地风险评价［J］. 世界地理研究，2014（1）：39.

至曾出现现任政府撕毁前任政府与中国签订的能源合作协议的情形。这不仅可能对中国的能源安全造成损失，还会影响中国的国家安定和经济发展。此外，俄罗斯也是中国进口石油的主要来源国之一，虽然目前中俄两国已建立长期战略合作伙伴关系，但未来两国关系是否会出现变数尚无法预测。如果俄罗斯国内政治势力出现更替，需要考虑可能会对中俄能源合作的前景不利的情况出现。这种情况曾在中华人民共和国成立初期出现。在中苏关系的正常时期，苏联曾大力帮助中国进行能源工业建设，为中国提供物资、技术、资金等方面的支持。然而，随着 1953 年斯大林逝世，1955 年后赫鲁晓夫逐渐掌握苏联大权，中苏两党内部出现的政治分歧直接影响了两国国家关系和经济能源合作。直接后果是苏联单方面撕毁两国的经贸合作协议，召回来华建设的苏联专家，给我国初期的能源领域建设造成无法估量的损失。

因此，中国需要优化能源进口结构，做到能源进口来源地的多样化，以分散风险。做到能源进口来源地的多样化的途径之一就是合理运用能源合作方式开拓非洲市场，在中非双方政府达成的高度政治共识和外交、经济、能源合作政策的支持下，鼓励中国企业积极参与非洲的能源贸易，使非洲成为中国重要的能源供应地之一。非洲蕴藏丰富的能源，拥有化石能源可供出口的国家较多，有足够的潜力满足中国巨大的能源需求，有可能保证中国获得长时间可持续的能源供应。

非洲之所以能成为中国能源进口的主要来源地之一，主要基于以下两个原因：

第一，非洲能源储量丰富，中非政治外交等各方面关系良好。非洲作为拥有最多发展中国家的大陆，石油以及天然气资源分布集中，主要处于几内亚湾地区、北非三大盆地、东非等多个地区。中非之间具传统的友好关系。进入 21 世纪后，中非之间的经济援助从无偿援助向具有优惠性质的市场经济合作方式转变，适应了非洲国家的发展需要。同时中非政治、经济往来一直不断向前发展。中非国家通过双多边多种外交方式和舞台，促使中非经济能源合作得以顺利推进。这对于中非之间达成共识、消除误会、增进了解、加强互信起到了良好的作用。

第二，非洲的能源具有深入挖掘潜力，中非能源合作前景值得期待。目前，中国仅与安哥拉、苏丹以及刚果（布）等少数非洲国家开展了大规模的能源合作。未来，中国可以尝试以适合当地国家发展的新模式，更有针对性地同非洲更多的国家开展能源合作，循序渐进、逐渐深化和尼日利亚等非洲能源大国的经贸合作。

1.3.2 分散了中国能源的运输风险

目前中国能源的对外依存度较高，原油进口一般通过海上运输和陆上运输的方式完成，如何保证中国能源的运输安全是研究能源合作重要的一环。目前，中国石油进口的海上运输线路可分为以下四条：第一条为中东线路，主要由中东出发，途经波斯湾、霍尔木兹海峡、马六甲海峡直至中国沿海港口。由于中东是中国最重要的能源进口来源地，此线路承担了最重要的能源运输任务。第二条为非洲线路，由非洲出发，又可细分为北非线、西非线、南非线。随着中非能源合作的深入，此线路承担了越来越多的石油运输任务。目前，近三成的中国进口石油经非洲线路到达中国①。第三条为拉美线路，第四条为东南亚线路。中东线路和非洲线路承载中国绝大部分海上原油进口的任务。

海上石油的运输安全与运输线路的选择、地势情况、途经地区的安全形势有关。通常，能源运输过程中经过的海峡、运河越多，海峡的宽度越窄、吃水深度越浅，出现交通事故的概率将会提高，能源运输的稳定与畅通更易受到威胁。中国的海上原油运输大部分途经中东线路与非洲线路，虽然中东线路、西非线路以及北非线路均需经过马六甲海峡，但是中东线路除了经过马六甲海峡，还要途经霍尔木兹海峡，经过的通道比西非线路更多。而北非线路除了经过马六甲海峡，还要先通过直布罗陀海峡①。因此，相比较而言，西非线路的安全系数要稍高一些，这条线路的畅通对保证中国海外能源的运输稳定具有重要意义。在非洲国家中，安哥拉对中国的原油输出量最高，安哥拉的石油沿西非线路运输。除了安哥拉，西非的几内亚湾地区石油产量丰富、质量高且易于开采。虽然中国和尼日利亚等几内亚湾地区国家的能源合作规模不大，但是未来中国与西非几内亚湾地区国家的能源合作前景值得期待。一旦中国与几内亚湾地区国家的能源贸易取得突破性进展，西非线路将承载更多的能源运输任务。这对缓解中东线路的压力，保证中国能源运输渠道的稳定以及畅通具有重要价值。

为分散中国能源运输风险，中国已经采取了一系列措施，加强保护能源运输线路的畅通与安全。例如，中国在非洲吉布提设立海军供应保障基地，派驻必要的军事人员，为中国在非洲和西亚参与护航、维和、人道主义救援等任务提供有力保障。吉布提中国海军基地的设立也有利于中国更好地执行军事合作、联演联训、撤侨护侨、应急救援等海外任务。中国将与其他国家一道，共同维护国际战略通道安全，保障非洲线路的稳定。非洲也是中国“一带一路”倡议的一个实践方面，同欧亚地区一样，中国计划在非洲建设铁路公路网，再通过非洲东部和北部的众多港口与“21世纪海上丝绸之路”相连，从而打造统一的欧亚经济空间②。此外，中国参与印度洋沿线国家（例如缅甸、巴基斯坦以及斯里兰卡）的港口投

① 汪玲玲，赵媛．中国石油进口运输通道安全态势分析及对策研究［J］．世界地理研究，2014，23（3）：34.

② 德米特里·博卡列夫．非洲对中国丝绸之路的意义［R］．俄罗斯东方新观察网站，2017年8月17日，转引自《参考消息》，2017年8月21日，第14版。

资、建设与合作，为避免中国海上石油运输过于依赖马六甲海峡，中国的原油以及其他能源可以从巴基斯坦以及缅甸的港口上岸，转而通过陆上运输的方式完成石油运输，从而打破美国企图通过控制马六甲海峡威胁中国能源安全的战略意图。

和海上石油运输线路相对应的是中国的陆路运输线路的布局与建设。加强通往中国的安全陆路运输线路建设是中国能源安全战略实施的重大举措。中国目前有三条陆路石油运输管道：中哈油气管道、中俄油气管道以及中缅石油管道。2012 年中国社会主义建设进入新时代之后，在“一带一路”伟大倡议之下，通过几年的努力，通过中欧陆上铁路通道运输的石油，通过陆上油气管道输入的石油天然气数量剧增。

1.3.3 优化了中国能源的进口结构

优化中国能源进口结构，主要指中国应逐步减少对中东地区的原油进口依赖，拓宽能源进口渠道，增加从非洲等其他地区进口石油的比例。中国现行能源消费比重并不合理，化石能源消费比重过高，清洁能源消费比重相对较低。天然气消费比重和非化石能源消费比重远低于全球平均水平和发达国家水平。大量燃煤造成的后果是中国主要大气污染物排放总量约 4700 万吨，居世界第 1 位；其中，二氧化碳排放量约为美国、欧盟的 4 倍，一氧化氮排放量为美国、欧盟的 2 倍左右。大量燃煤为中国带来严重的大气污染，见图 1–8。

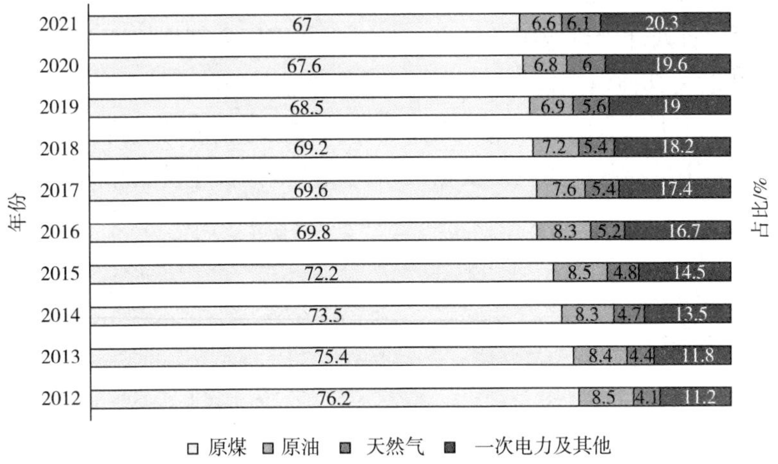

图 1–8 2012—2021 年中国能源生产结构

数据来源：中国能源大数据报告（2022）。

面对比较严峻的环境问题，中国需要大力加强污染防治，建设清洁美丽的国家。2012 年中国社会主义建设进入新时代之后，在习近平生态文明思想的指引下，以“绿水青山就是金山银山”为目标，全国的环境治理深入推进。为优化能源消费结构，缓解消除环境污染，促进经济可持续发展，中国大力发展清洁能源。中国计划在清洁能源领域投入大量资金，用于改善能源需求结构，调整过于依赖化石能源的现状。中国政府在“十三五”规划中设定的目标是，2016 年至 2020 年要让单位 GDP 能耗强度实现 15% 的降幅。中国在境外投资了 320 亿美元，用于发展可再生能源，这一投入额超越了世界任何国家，彰显了中国发展清洁能源的决心。

而中国倡导力行的清洁能源发展方向，也是世界能源发展的主流趋势，2015 年《巴黎协定》的实施，将进一步加快世界能源低碳化进程，世界各国将能源开发重点集中在天然气和非化石能源上，能源科技创新加速推进，以智能化为特征的能源生产消费新模式开始涌现。

发展中非能源合作可以优化中国能源结构，帮助中国逐渐降低对化石能源的依赖，开发清洁能源技术，促进经济的可持续发展。非洲国家蕴藏丰富的天然气以及清洁能源，但开发技术一直较为落后，很多国家的天然气甚至会作为伴生气被浪费。尼日利亚、安哥拉等非洲国家不仅蕴藏丰富的石油资源，天然气也同样储量巨大。然而，由于技术水平的限制，很多非洲国家的天然气未能充分利用，大型气田未得到有效开发，伴生气大都被空放，产量较低[①]。北非国家阿尔及利亚、利比亚和埃及三国探明天然气储量 5.5 亿立方米（大约占世界总储量的 4%），其中 66% 集中在阿尔及利亚[②]。

中国可以针对非洲资源国的技术短板，与非洲国家开展能源合作，获得所需要的天然气以及其他清洁能源，优化中国能源进口结构。中国企业将以 PPP 等方式投资开发非洲国家的天然气、太阳能、生物能等新能源项目。中国的国家电网公司打算利用世界各地的风力发电机和太阳能电池板建设能源网[③]。

① 薛力，等 . 中国的能源外交与国际能源合作（1949—2009）[M] . 北京：中国社会科学出版社，2011：269.

② 斯・日兹宁 . 国际能源政治与外交 [M] . 上海：华东师范大学出版社，2005：185.

③ 乔纳森・韦策尔 . 中国的再生能源革命 [R] . 世界报业辛迪加网站，2017 年 8 月 26 日，转引自《参考消息》，2017 年 8 月 23 日，第 15 版。

第 2 章　中非能源合作的特点和经验

进入 21 世纪以来，世界各国进入互联互通、互相融合、互相影响的阶段。各国关系呈现以下特征：国际行为体及其相互交往的渠道不断增多；各国的对外事务种类更加繁杂。全球化进程促使世界各国联系愈加紧密，迫使发展较慢的国家查摆自身不足，正视差距，不断提升综合国力。

受历史原因影响，非洲国家发展起步较晚，进入 21 世纪后，大部分非洲国家拥有强烈的发展欲望，人民迫切希望改善自身生活水平。这些国家的政府希望增强综合国力，提升自己在国际社会的话语权和影响力。非洲国家想要实现上述目标，需要合理利用自身拥有的能源禀赋优势来启动工业化进程。而非洲能源资源丰富，在合适的国际合作方式运用下确有可能也可以帮助非洲工业化启动。这是因为根据国际能源署（IEA）2021 年的数据，全非洲已探明石油储量为 1257 亿桶，约占世界总量的 7.6%。

而对于以中国为代表的新兴能源消费大国而言，非洲丰富的能源禀赋和相对低廉的开采成本具有巨大吸引力，从而加大了对非洲能源的开采投入。21 世纪非洲能源业的国际投资者增多的这种变化，促使世界主要能源消费大国在非洲展开了激烈的能源博弈。西方工业国家凭借雄厚的资金、先进的能源勘探开采技术和丰富的管理经验以及传统的政治影响力，在历史上的非洲能源争夺中占据主导地位[①]。

但是，非洲国家只是希望将自身拥有的资源或能源转化成发展的动力，并不想长期受西方投资者控制盘剥。而新兴能源消费国希望获得非洲的能源，以满足国家经济发展的需要。在此基础上，非洲和世界其他国家探索了多种形式的能源合作[②]。在非洲能源舞台上，前所未见的新一轮竞争与合作徐徐展开。和世界其他能源消费大国相比，中国与非洲的能源合作具有独特优势。本章将进行详述。

---

① 陈会颖，董秀丽 . 世界能源战略与能源外交（非洲卷）[M] . 北京：知识产权出版社，2011：15.

② 参见附录一：对原中华人民共和国驻南非共和国特命全权大使林松添的访谈，问题 4。

2.1 中非能源合作的优势

随着世界主要能源消费国对能源的需求程度不断加深，非洲已经成为跨国能源公司和能源消费国的必争之地。和西方国家相比，中国进入非洲能源市场较晚，中国能源公司应如何在激烈的竞争中脱颖而出？面对以美国为首的西方国家与其他新兴经济体在非洲的争夺，中国应如何在日益加剧的竞争中脱颖而出？如何维护自身能源利益？在发展中非能源合作方面中国有何优势？本节将进行具体的分析。

2.1.1 中非良好的双边关系

从20世纪50年代起至今，中国与众多非洲国家陆续建立起良好的政治经济关系，并在国际舞台上坚决支持非洲国家维护独立主权与利益。这是中国实现国家能源合作目标的基础性优势。中国与非洲国家能源合作战略的顺利实施又能加深双方的政治联系，密切两国关系。能源作为一种体现国家战略意图的资源型行业，友好的双边政治关系能提高能源企业的投资成功率[①]。因此，很难将国家行为中的政治动机和经济利益动机区分开来[②]。在能源合作领域，国家间关系对能源合作的影响尤为明显。国家之间的制度安排有助于降低合法交易的成本以及不确定性，能促进两国的经济合作与发展[③]。能源作为一种特殊的大宗商品，能源交易无法离开国家的支持，良好的国家关系为能源合作提供了有力保障。

中国与非洲国家之间的首脑外交、高层互访成效巨大，双边合作机制能密切国家间关系，增进感情。中国政府经常以高层互访等形式展开石油外交，通过开发援助、减免债务、免息贷款、基础开发融资等方式来补充、扩展能源合作的内容。随着非洲对中国对外能源合作的重要性提高，中国的高层领导人访问非洲的频率不断提高。2004—2011年，共有八位中央政治局常委对非洲进行国事访问[④]。高层领导人互访对实现中非能源合作效果显著。

① 杨连星，刘晓光，张杰．双边政治关系如何影响对外直接投资——基于二元边际和投资成败视角［J］．中国工业经济，2016（11）：56.

② Lucy Corkin. Uncovering African Agency：Angola's Magement of China's Credit Lines［J］. Ashgate Publishing Limited，2013：72.

③ Keohane，R.O. After Hegemony. Cooperation and Discord in the World Political Economy［M］. New Jersey：Princeton University Press，2005.

④ 孔博．解读中国国际石油政策——从国外看中国的石油“走出去”战略［M］．北京：石油工业出版社，2012：118.

中国国家主席胡锦涛在 2004 年访问埃及、加蓬、摩洛哥和阿尔及利亚等非洲国家期间，签署了重要的石油协议。中国承诺帮助非洲国家进行基础设施建设并为其提供配套援助物资等，非洲国家允诺中国可以获得本国油田区块的优先开发权与勘探权。在 2004 年胡锦涛主席访问阿尔及利亚期间，签订了《中国石油天然气集团公司与阿尔及利亚国家石油天然气公司石油双边合作协定书》[①]。由此可见，首脑外交高层互访对维护、提升两国的国家关系具有积极作用。

总体而论，双边、多边外交也促进了中非能源合作的顺利开展。能源项目投资规模大、投资周期长，两国政府的有力支持对发展能源合作大有裨益。中国和非洲资源国通过国际能源组织、非洲区域性经济合作组织、部长级会谈渠道等定期进行沟通、对话，对帮助两国消除误会、维系良好关系，推动能源项目的顺利实施起到了积极的作用。

中非之间良好的政治关系不仅能帮助中国企业顺利打开非洲能源市场，还能在合作遇到困难时，通过政府间沟通，帮助解决争端，促进合作项目的顺利推进。相应地，非洲国家从互利共赢的能源合作中获得了实际利益，也能加强巩固与中国的政治友谊，保持良性发展势头。

2.1.2 中国综合国力的增强

进入 21 世纪后，随着中国综合国力的稳步提高，经济发展持续保持高速增长，2008 年中国成为世界第一大工业国，2010 年中国成为世界第二大经济体。中国多年位居世界第一大外汇储备国。中国在国际事务中的参与程度以及话语权也逐步提升。中国日益增强的综合国力有助于提升国家在国际能源关键领域的话语权，为经济发展提供支撑动力。面对国际能源形势的变化，中国政府深知，化石能源无法满足新兴能源消费国的猛烈需求以及成熟工业强国已经高企的能源需求[②]。因此，中国需要利用强大的综合国力在国际能源市场提前布局，抢占先机。

对中国而言，非洲是中国对外能源合作布局中的重要部分，中国政府十分重视发展中非能源合作。非洲国家的市场经济受政府指导，使其有足够的能力和话语权同其他国家发展大型经贸合作，经济发展空间广阔，是中国理想的合作伙伴。非洲人口多，幅员辽阔，具备成为新兴经济体的潜力。目前，大部分非洲国家的基础设施建设以及市场经济均处在起步阶段，发展潜力巨大[③]。1990 年之后

① 孔博. 解读中国国际石油政策——从国外看中国的石油“走出去”战略［M］. 北京：石油工业出版社，2012：118.

② 迈克尔·克莱尔. 石油政治学［M］. 海口：海南出版社，2009：15.

③ 参见附录一：对原中华人民共和国驻南非共和国特命全权大使林松添的访谈，问题 4。

至今，非洲以全洲数据计算，国民经济均保持正向增长。巨大的经济发展潜力促使非洲积极寻求与其他国家和地区开展经济合作。

在此背景下，中国日益提升的综合国力可以极大地促进中非能源合作。中国政府有与非洲开展能源合作的意愿，中国银行有充足的资金，中国企业有高效的执行力。在世界上，像中国这样同时具备上述条件的新兴能源消费国并不多见。中国具备了西方能源公司无法比拟的优势，非洲国家愿意和执行力更高、国际影响力更强的中国开展能源合作[①]。中非能源合作通过以投资换能源等合作模式，帮助中国政府获得需要的能源，中国企业可以进入非洲进行基础设施的建设，在获得更大的盈利空间的同时，开拓企业的海外业务。

因此，为优化中国能源布局，进入非洲能源市场，中国需要以自身的综合国力为支撑，合理利用本国的国际影响力，帮助中国企业寻找合作伙伴，解决国内产能过剩的问题，保护能源安全。

2.1.3 非洲天然的能源资源优势

非洲具有丰富的能源和广阔的挖掘潜力。未来非洲在中国对外能源合作中的地位可能还会上升。目前，非洲的石油剩余探明储量为140亿吨，约占世界石油剩余总储量的10%，是仅次于中东、北美的世界第三大石油资源富集区[②]。然而，长期以来非洲受限于技术的局限，很多资源国拥有大量的能源，却不具备开采的能力。例如，尼日利亚虽然拥有丰富的石油、天然气禀赋，但受限于本国落后的工业开采基础设施，自己国家经济发展需要的能源还需依靠进口。中国恰恰拥有非洲国家所需但非洲国家自身并不具备先进的能源开采技术、雄厚的资金以及强大的国家支持，中非的合作可以将非洲的能源迅速转化为生产力，实现经济发展。这对渴望摆脱落后境地的非洲国家吸引力十足。

对中国而言，由于中国与中东地区、俄罗斯的能源合作已经较为深入，未来可以继续探索的能源合作空间有限。而在非洲大陆，中国仅与安哥拉、苏丹等少数几个国家展开了能源合作，合作领域也以传统油气资源合作为主。非洲各国拥有的各类能源资源禀赋使中非的能源合作具备多种可能性。

因此，中非在能源方面的合作潜力巨大，中国可探索与更多的非洲国家展开包含石油、矿产、铀、有色金属、风能、地热能等多种能源在内的不同的能源合作新模式。例如，中国与刚果（金）签订20亿美元的基础设施换铜矿的协议[③]。

① 张颖. 首脑外交视阈下的中非关系［M］. 北京：时事出版社，2017：142.

② 崔守军. 能源大外交——中国崛起的战略支轴［M］. 北京：石油工业出版社，2012：97.

③ 参见附录一：对原中华人民共和国驻南非共和国特命全权大使林松添的访谈，问题4。

几内亚可以与中国，比照中国与刚果（金）模式开展能源合作。非洲作为一个整体具有集团优势，可以在中国对外能源合作中扮演替代性角色。一旦中东、俄罗斯等能源进口国无法保证中国能源的稳定供应，非洲各国可以及时、有效填补中国能源的供应需求，满足中国多元化能源供应发展战略。

2.1.4 互利共赢的能源合作新模式

拥有互利共赢的合作模式是中非能源合作的一大优势。国家间的经贸合作需满足国家根本和长远的利益，中非能源合作的最终目的也是如此，即必须符合中国与非洲国家的根本和长远的利益。中非双方之间的经贸合作即便拥有无数的优势，但如果无法通过有效的能源合作模式加以实施，就无法提升国家利益，也不会具有持久生命力。21 世纪中非能源合作中形成的互利共赢的能源合作新模式，就是一种符合双方根本和长远利益的模式。这是双方能源合作能够成功的必备条件。

在设计对非能源合作方案时，中国政府需对非洲资源国的投资环境进行评估。其中，非洲资源国政权的稳定程度是评估其是否适宜能源投资的因素之一，而且是选择何种模式的关键因素。此外，还需结合资源国和投资国的国情，探索合适的投资模式。通过对 21 世纪中非能源合作的形式进行梳理，抽象概括出可具有推广价值的理论模式。然而，在将能源合作理论模式应用于某一国家时，仍需根据实际情况进行相应调整，以满足能源合作双方的利益需要。

例如，在中国和安哥拉的能源合作初期，中国 – 安哥拉选择了以基础设施换取能源的合作方式。2008 年后，双方对合作的细节、担保抵押物等合同条款均进行了不同程度的调整。可见，合作双方的利益需求是选择设计能源合作方案的根本动因，合理的能源合作方案是中非能源合作顺利实施的关键。因此，研究那些在 21 世纪已取得一定成功的中非能源合作模式具有深远意义，通过梳理吸取经验和教训，可以为未来的中国对外能源合作提供参考依据和实施思路。

2.2 中非能源合作的战略转变与决策

在本书的第一章里，对中非能源合作的过程按时间分段进行了梳理，回顾中非能源合作的历史，各阶段发展特点以及非洲在中非能源合作中的作用。在此基础上，可以进一步分析，中国政府逐渐调整对非能源合作战略的原因是什么？中非能源合作战略决策的具体过程是什么？以及影响中非能源合作战略决策的因素是什么？本节将逐一回答上述三个问题。

2.2.1 中非能源合作战略转变的原因

21世纪初期，中国政府在确定对非能源合作战略时，显示出对非能源合作的战略针对性、指向性比过去更强了。对非能源合作的模式逐渐从单一模式转变为多种模式并存。影响中国政府做出战略调整的原因如下：

首先，非洲在中国对外能源合作的整体布局中的重要性上升。21世纪以来，随着中国能源的对外依存度逐渐升高，进口来源地过于单一已经成为中国能源安全的隐患之一。如不及时分散对中东地区的能源进口依赖，一旦中东局势不稳，中国的原油进口极易遇到“卡脖子”的风险。在此背景下，中国政府急需寻找新的能源进口伙伴，帮助中国实现优化能源进口结构的目标。中非拥有良好的合作关系，随着中国综合国力的上升，中国政府希望通过发展中非能源合作，达到优化能源进口结构的战略目的。

通过对21世纪中国公开发表的对非政策文件和领导人讲话进行梳理，可以看到中国政府对中非能源合作的重视程度逐步提高。2006年1月12日，中国政府发表了《中非政策文件》，这是中国首次对一个洲域作为整体发布政策文件，体现了中国对非洲的重视。文件指出，中国愿与非洲建立政治上平等互信、经济上合作共赢、文化上交流互鉴的新型战略伙伴关系[①]。

2014年，中共中央总书记、中华人民共和国国家主席习近平同志提出了“真实亲诚”对非外交思想，指明了中非合作的发展方向，也使中非能源合作发展到全新高度。习主席要求“对待非洲朋友，我们讲一个‘真’字。开展对非合作，我们讲一个‘实’字。加强对非友好，我们讲一个‘亲’字。解决合作中的问题，我们讲一个‘诚’字”[②]。2015年12月4日，中国政府在南非约翰内斯堡再次发表《中非政策文件》，在第一版《中非政策文件》的基础上，强调“新形势下，中国将秉持真实亲诚对非政策方针和正确义利观，推动中非友好互利合作实现新的跨越式发展”[③]。在2015年的中非企业家大会上，习近平同志发表重要讲话，提出“坚持互利共赢的平等合作、坚持开放包容的多方合作、坚持能力导向的务实合作、坚持绿色低碳可持续发展、坚持基础优先的重点合作五项建议”[④]。在2016年7月29日的中非合作论坛约翰内斯堡峰会成果落实协调人会议上，中非双方还就如何推进下一步合作达成重要共识，发表了《联合声明》，一致同意

① 张颖．首脑外交视阈下的中非关系［M］．北京：时事出版社，2017：44．
② 中国外交之中国理念：真实亲诚对非方针［N］．人民日报，2014-12-26（18）．
③ 数据来源：中华人民共和国外交部网站，https://www.fmprc.gov.cn。
④ 习近平．真实亲诚照亮中非合作之路［N］．人民日报，2018-08-31，海外版．

将中方倡议的共同发展、集约发展、绿色发展、安全发展、开放发展五大合作理念作为中非未来合作的指导原则[①]。

自中国共产党的十八大以来，习近平同志已将保护能源安全提升至新的高度，即“既重视传统安全，又重视非传统安全，构建集政治安全、国土安全、军事安全、经济安全、文化安全、社会安全、科技安全、信息安全、生态安全、资源安全、核安全等于一体的国家安全体系”[②]。这是中国首次将资源安全列为 11 种安全体系之一，并作为一种战略考虑因素。这对中国开展对非洲能源合作有重大指导意义。同非洲开展能源合作，对中国保护能源安全，维护能源战略利益具有重要价值。

通过对 21 世纪以来中国政府对非政策分析可见，中非能源合作战略更加具有针对性，中国政府希望通过中非能源合作实现的目标更高，希望在中非能源合作领域取得突破性发展。相应地，国家对中非能源合作的重视和投入力度也在不断提升，这都是由于非洲在中国对外能源合作整体布局中的重要性上升所致。

其次，国际能源格局的变化促使中国调整中非能源合作战略以及合作方式。

近年来，技术革命促使美国油气产量大幅提升，世界主要国家能源政策调整，国际油气供需格局发生明显变化。传统的单极油气供应格局正在被打破，新格局正在加速形成，各国围绕油气资源展开的竞争加剧。与此同时，大力发展清洁能源逐渐成为各国能源领域的发展重点。各国对新能源领域的投资不断增加，清洁能源如可燃冰、核能、太阳能、风能、生物资源、水资源等成为各国研发的重点，投入的经费不断增长，带动研发水平不断提高。根据 2018 年 IEA 数据显示，近十年间，全球风电、核电、水电、光伏发电量均成倍增长。其中，2016 年中国的风电、水电、光伏发电量均位居世界第一，占全球的 22.9%[③]。以液化天然气（LNG）冷能海水淡化、海水制冰技术为代表的新能源开发技术的突破提高了人类对资源的利用效率。

面对国际能源格局的变化趋势，中国顺应形势，加强对清洁能源领域的投资，强调领域、区域协同发展，调整对非能源合作模式。2018 年 9 月，习近平同志在中非合作论坛强调：“中国决定和非洲联盟启动编制《中非基础设施合作规划》；支持中国企业以投建营一体化等模式参与非洲基础设施建设，重点加强能源、交通、信息通信、跨境水资源等合作，同非方一道实施一批互联互通重点

① 参见附录一：对原中华人民共和国驻南非共和国特命全权大使林松添的访谈，问题 4。
② 习近平 . 坚持总体国家安全观 走中国特色国家安全道路［N］. 人民日报，2014-4-16（1）.
③ IEA. World Energy Outlook 2018［R/OL］. IEA，https：//www.iea.org/.

项目[①]。”这是中国调整对非能源合作战略的第二个原因。

最后，非洲国家的发展以及利益需求的调整，促使中国调整对非能源合作模式。纵观21世纪初期中非能源合作实践，非洲资源国的经济、工业化水平均呈现一定发展，伴随着发展需求的变化，非洲资源国对中非能源合作模式有了新的调整要求。在21世纪的第一个10年间，苏丹、安哥拉、尼日利亚等传统非洲资源国的经济发展尚处于初级阶段，工业化水平和进程较为落后，部分非洲资源国尚处于农业社会，国家的基础设施、炼化一体化工业体系尚未建立。这一阶段，非洲资源国的首要目标是通过中非能源合作获取发展的第一桶金，完成基础设施、工业体系的建设，进而撬动本国经济发展，促使国家经济进入发展的快车道。因此，在21世纪的第一个10年，非洲主要资源国倾向于选择以投资换能源模式。

此种合作态势在2010年以后出现了变化。随着非洲主要资源国相继度过经济发展的第一阶段，国内基础设施、工业设施建设基本完备，工业体系初具规模，基本实现对浅海、表层常规油气资源的开发和利用；非洲资源国关注的重点已变为如何提升本国的技术实力，加强对深海、地壳以及非常规油气资源的开发，同时提升清洁能源的开发利用水平。这使非洲资源国在选择合作伙伴以及合作模式时，更为看重对方拥有的技术实力，特别是合作伙伴是否拥有本国缺乏的技术开发能力。

面对非洲资源国的需求变化，中国及时调整了既有的合作模式，中国能源企业通过与西方能源企业合作组建能源共同体，依托市场投资模式，实现技术互补，满足非洲资源国的发展需要，形成互利共赢的新局面。

2.2.2 中非能源合作战略决策的过程

经过对21世纪中非能源合作决策过程的分析，可见中国政府的战略目的是以国家权力保护能源安全，促进经济进步。在这一战略目的之下，通常遵循以下步骤开展对非能源合作战略决策：评估自身实力和发展条件—寻找合适的国际合作伙伴—选择适合的能源合作模式—对既有能源项目的实施与评估。如图2-1所示。

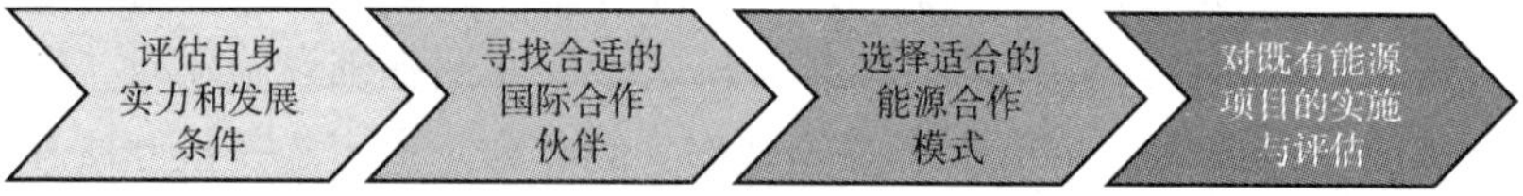

图2-1　能源合作战略的决策步骤

① 习近平．携手共命运，同心促发展［R/OL］．(2018-9-3)［2019-3-22］．http：//cpc.people.com.cn/n1/2018/0904/c64094-30269703.html.

能源战略决策的第一步，是要客观地评估自身的实力和所具备的发展条件。自身实力主要指国家综合国力，世界银行的世界发展指标将发展中国家按三个标准进行了分类：第一，按人均 GNP 分类，人均 GNP 在 735 美元以下的为低收入国家，人均 GNP 在 735~9075 美元的为中等收入国家，人均 GNP 在 9075 美元以上的为高收入国家；第二，按地理位置分类；第三，按特殊项目分类。按特殊项目分类时，主要包括三个组别，其一，为石油出口国。指石油和天然气出口额占商品出口额 30% 以上的国家。其二，为严重负债的国家。其三，为未报告的非会员国，主要指一些社会主义国家[①]。根据上述分类标准，大部分有发展欲望的非洲资源国属于低收入的石油出口国，虽然拥有能源资源，但人均收入较低。而中国则属于中等收入的亚洲国家。

所具备的发展条件包括国内与国际条件两个层次。发展所需的国内条件包括政局稳定性、经济发展阶段、财政资金状况、能源禀赋情况、国家的基础设施建设情况、是否已经形成较为成熟的工业体系，等等。所具备的发展的国际条件包括是否处于和平环境下、国际发展的趋势是否有利于本国的经济发展、是否拥有良好的合作伙伴，等等。国内政权稳定是开展能源合作的前提条件，经济发展处于何种阶段将影响能源合作的方法选择，国家的基础设施建设程度、发展资金存量情况等都会影响国家在能源谈判时的话语权以及谈判进程的主动权。国际环境是否有利于国家发展经济呢？这个问题相当重要，因为开展能源合作是需要必要的外部条件的，需要有外部能源合作伙伴。没有合适的外部能源合作伙伴就不能达成国际能源合作。另外达成互利互惠的能源合作协议则是衡量能源合作是否成功的关键。

合理评估自身情况对成功开展中非能源合作具有重要意义。1996 年开始的中国－苏丹能源合作通常被认为是中国发展对非能源合作的开山之作。在此案例中，中国领导人做出发展中国－苏丹能源合作的决定之前，对中国的国内政治情况、经济形势、能源供需结构、本国能源企业的技术实力均进行了合理评估。在评估后，中国领导人认为随着市场经济的发展，中国国内的油气田已逐渐无法满足国家经济发展的需要，中国必须“走出去”开拓国际能源市场，以获得稳定的能源供应；苏丹的地质结构与中国国内的油田结构有相似之处，中国的能源企业具备相关勘探开发的经验；此外，受法国能源公司撤出苏丹的影响，中国进入苏丹能源市场的客观阻力会减小。综合考虑上述主观和客观条件后，中国答应了苏丹总统巴希尔的请求，中国石油公司进入苏丹开展能源合作。

① 车维汉主编．发展经济学［M］．北京：清华大学出版社，2006：3.

由此可见，中国对苏丹能源合作成功开展的背后离不开中国政府对自身情况、国家实力的合理、审慎评估，这也是中非能源合作决策过程的第一步。无论是以中国、美国为代表的能源需求国，还是以安哥拉、苏丹为代表的非洲资源国，都需要审慎评估自身实力，客观评价本国拥有的发展条件，根据自身情况设计合理的能源合作战略方案，随着国际形势和合作伙伴的变化，及时调整合作方案，力求达到最佳的合作效果。

能源战略决策的第二步，是寻找合适的国际能源合作伙伴，达成合理的能源合作方案。选择的国际能源合作伙伴是否合适，需要通过实践来检验，以合作效果来予以评价。国际能源合作是国际经济合作的一种形式，国家政府需要根据本国国情和自身条件选择适合的合作伙伴。在全球化的今天，大部分国家都是通过开展国际经贸合作来寻找合适的合作伙伴，以获得更好的发展机会。通过在国际合作中逐渐摸索，总结经验，找到可以使本国获得有效发展的途径和合作对象。

在21世纪中非能源合作中，中国－安哥拉的能源合作最具代表意义。21世纪初期，中国和安哥拉虽然都有开展能源合作的需求，然而，双方并不是对方的第一选择。安哥拉多斯桑托斯政府在结束内战之初，率先和西方能源公司进行接洽，而且试图获得世界银行的贷款。中国政府在非洲寻找能源合作伙伴时，也将目光放在了利比亚、苏丹、尼日利亚等非洲传统资源大国上。但是，中国和安哥拉在和其他合作伙伴深入接触后发现，对方才是最适合本国发展的理想合作伙伴。对于中国而言，进入尼日利亚、利比亚等非洲传统资源国的难度较大，和上述国家相比，进入安哥拉能源市场的难度较小，有利于中国能源企业获得持续稳定的“权益油”，维护国家的能源安全。对安哥拉而言，西方能源公司给安哥拉开出了附带严苛条件的合作条款，这对于刚结束内战，迫切希望走上独立自主发展道路的安哥拉而言，是无法接受的。和西方国家相比，中国一直坚持的相互尊重、互利共赢的合作原则赢得了安哥拉的青睐和认同。中国和安哥拉发现对方是自己的最佳合作伙伴后，中国－安哥拉的能源合作得以迅速开展。可见，选择合适的合作伙伴是中非能源合作决策的第二步。

能源战略决策的第三步，是选择合适的能源合作模式。合理的能源合作模式需将国家的发展欲望与国家实力、所处国际条件相匹配，才能获得较好的实施效果。对发展程度较低的非洲国家，利用自身拥有的资源换取发展的资金和技术是国家发展初期的有效途径。对于政权不够稳定但又想发展经济的非洲资源国，可借助外力，保护能源合作的顺利实施。对拥有一定经济基础，国家发展取得一定成效的国家而言，选择多个能源合作伙伴，形成技术互补，能更好地开发本国能源。

在中国发展同尼日利亚、阿尔及利亚的能源合作时，中国政府根据尼日利亚的油气田开发现状和技术短板，与西方能源公司组建合资公司，形成能源共同体。尼日利亚、阿尔及利亚作为非洲的传统能源大国，浅海、表层等易于开发的油田以及工业开发体系建设已经较为完备。然而，上述国家的深海油气田开发能力、天然气利用程度等方面仍有提升空间。因此，尼日利亚、阿尔及利亚政府为弥补技术缺陷，加强对本国油气资源的利用程度，相继制定了招商引资政策，鼓励外资加强对深海油气田、液化天然气等领域的投资。中国面对上述情况，采用了能源共同体的合作模式，实现了国家对非能源合作目标。2004 年，中国石油还与尼日利亚国家石油公司签署一项为期五年的尼日利亚每天向中国供应 30000 桶石油的协议①。

能源战略决策的第四步，是对既有能源合作项目的实施与评估。通过及时总结已经完成的能源项目，可以及时调整现行能源合作战略，力图与双方的利益诉求更契合，使两国间的能源合作获得更好的实施效果，更好地维护国家的能源战略利益。

中国同安哥拉在开展以投资换能源的能源合作时，前五年的框架协议与 2008 年以后的能源合作协议有较大的区别。2008 年以后，安哥拉不再以石油作为中国 - 安哥拉能源合作的抵押物，两国的能源合作政府的参与程度减弱，能源企业获得更大的自主权，能源合作运作时的商业化程度也更强。两国之所以做出上述调整，也是基于两国发展阶段的变化以及对既有合作的效果评估，两国认为应对两国间的能源合作模式进行相应调整，以更好地维护国家的能源利益。

2.2.3　中非能源合作战略决策的相关因素

中非能源合作的本质，是在能源领域中，合作的双方秉持快速、尊重、可持续、自主选择的发展理念，在不断地调整中寻找互利共赢的合作模式。中国和非洲在资源、资金、发展道路、产业发展、技术等方面具有较强的互补性，这是中非能源合作战略决策的主要影响因素，也是开展中非能源合作的核心驱动力。

第一，中非在资源方面互补性强。对中国而言，随着经济持续高速发展，国内油田已无法满足能源消费的需要，进口石油的对外依存度逐年提升。寻找可靠的原油进口来源地是中国对外能源合作的主要目标，而非洲油气资源丰富。截至

① Dulue Mbachu. Nigerian Resources : Changing the Playing Field［J］. South African Journal of International Affairs, 2006, 13.

2019 年年底，非洲石油探明储量为 166×10^8 吨，约占世界石油总储量的 7.2%，非洲地区技术剩余可采储量为 127.31×10^8 吨，经济剩余可采储量为 69.78×10^8 吨。非洲拥有的丰富资源禀赋是中非开展能源合作的基础条件。

第二，中国可以为非洲提供所需的发展资金，助力非洲国家经济发展。非洲国家希望在利用化石能源取得发展的第一桶金之后，逐步建立本国独立的工业体系。掌握能源炼化、加工、加氢等核心技术，为本国的经济发展注入长久的推动力。中国在同安哥拉开展能源合作的前五年，安哥拉为快速获得发展资金用于战后重建，以本国的石油进行质押，用于偿付中国建筑企业在安哥拉承担的建设费用。然而，在五年后，安哥拉的国内基础设施建设已接近饱和，安哥拉的经济发展进入新的阶段，安哥拉不再希望以石油作为两国能源合作的质押物，中国 – 安哥拉的能源合作模式也随之调整，为安哥拉当地人民提供培训以及就业机会，成为石油之外两国合作的新条件之一。

第三，中国尊重非洲国家主权和内政自主，尊重非洲国家拥有自主选择发展道路的权力。中国一贯主张尊重非洲的主权和发展要求，在互利共赢的基础上开展能源合作。自党的十八大以后，习近平同志更是创造性地提出了构建人类命运共同体，倡导建设中非命运共同体，建设中非能源共同体。中国对非洲国家的发展战略是发展真实亲诚的中非关系。这也同时为发展中非能源合作提供了新的理论指导和发展方向。构建人类命运共同体顺应了非洲国家的发展需要，符合非洲人民的发展愿望，为中非能源合作奠定了成功的基础。其中，共同繁荣，构建能源共同体对 21 世纪中非能源合作具有实践指导意义。因为对急于获得发展的非洲国家，中国愿意将自身的发展经验与它们分享，帮助它们从落后的第三世界国家迅速成长为相对富有的国家，这条轨道是许多非洲国家急于复制的。在能源合作领域，诸如安哥拉、苏丹、尼日利亚等拥有能源的非洲国家要求对国际事务拥有一定发言权①。它们希望通过自身拥有的能源增加在国际舞台上的话语权，利用能源禀赋换取发展的机会。毕竟能源总有枯竭的一天，非洲国家希望有朝一日可以发展独立的工业体系、发展起市场经济、拥有相应的较高水平的技术等，为当地人民谋福祉。它们纷纷要求选择能源合作伙伴、要求选择能源合作方式，要求在同其他国家开展能源合作时可以拥有更多话语权。这是很多习惯发号施令的西方国家无法忍受的谈判条件，但中国却认为非常合理并可以接受。

第四，中非双方的产业发展阶段比较契合，开展能源合作能够取长补短，有效促进双方产业的转型升级。对于中国政府而言，不仅需要获得能源的补给，满

① 迈克尔·克莱尔. 石油政治学［M］. 海口：海南出版社，2009.

足国民经济的发展需要，还需要为中国企业转型升级、去除产能创造机会，上述目标均可通过发展对非能源合作实现。特别是随着中国城市化进程步伐加快，国内贫富差距逐渐增大，资源短缺、城市污染等问题甚至会影响中国的政治稳定[①]。非洲国家广阔的市场、亟待建设的公共设施、低廉的人力成本对中国企业有强烈的吸引力。此外，中国企业急需将过剩的产能向国外转移，以达到去产能的目的，“走出去”战略也应运而生。中国的能源企业、工程建设企业均可以通过在非洲的投资获得良好的收益，中国－安哥拉的能源合作不仅维护了中国的能源供应，还为中国企业在当地投资创造了商机。是国家安全和经济利益双赢的典范。

第五，中非双方在能源领域能形成技术互补。对非洲国家而言，中国在油气田勘探开发以及上中下游的炼化一体化建设方面已经形成完整的体系，具备相对成熟的经验，积累了多年的实践成果，因此，中国有能力帮助非洲国家建立本国的能源化工工业体系，特别是结合非洲能源本土化和民生导向，与非洲国家石油公司、私营石油公司、国际石油公司合作开发，以合作竞标、参股和并购等方式探索能源合作新道路[②]。

此外，中非合作的时机选择亦十分重要，合理的能源合作战略应在恰当的时机推行，才能更好地维护中国对外能源合作战略的目标，合作时机的选择是能源合作战略成功推行的催化剂。20 世纪 90 年代中后期，由于法国能源公司从苏丹撤资，为中国开展对苏丹能源合作提供了机遇。而苏丹总统巴希尔访华时和中国政府达成的高度政治共识则使两国全面开展能源合作变得水到渠成。在此案例中，西方能源公司的撤资是中国对苏丹实施国家援助框架下的能源战略的契机之一。而苏丹总统的适时访华和中国政府达成的高度政治共识则是两国加快能源合作的催化剂。而安哥拉结束内战，需要开展人规模战后重建，则是中国－安哥拉能源合作的历史背景。两国能源合作的前提是国家统一和政权稳定。在中国－安哥拉能源合作的案例中，受长期内战影响，安哥拉国内的基础设施已被破坏殆尽，急需重新建设。这为中国建筑施工企业提供了施展空间，也为两国能源合作创造了机遇。

综上，政治、经济、安全等因素是中非能源合作战略决策的基石。其中，维护国家的安全与稳定是能源合作战略设计中最重要的因素。在此基础上，良好的能源合作战略可以使国家利益和企业的经济效益得到提升。合作契机是能源合作战略实施的助推器。

---

① Marcel Kitissou，Globalization，Fragmentation. The New Era of Africa-China Cooperation [M] . Africa in China's Global Strategy，Adonis and Abbey Publishers Ltd，2007 : 15.

② 金博，于海涛 . “一带一路”倡议框架下扩大深化中非油气合作的思考建议 [J] . 国际石油经济，2018 (10) : 60.

2.3 中非能源合作的主要特征

21 世纪中非能源合作之所以能够取得相应的可喜的成果，主要是由于中非拥有共同的发展目标，改变现状的强烈的愿望，深厚的发展动力等基本因素。这为中非能源合作的继续开展奠定了坚实基础。21 世纪中非能源合作呈现出以下特征：两国的能源合作以相互尊重与合作共赢为指导原则，企业在中非能源合作中发挥了积极作用，在政府主导下形成了灵活多样的合作模式，并在合适的时机，帮助撬动了非洲部分国家的工业化进程。同西方对非能源合作战略相比，中非的能源合作能充分发挥本国优势，能源合作战略重点聚焦能源丰富的国家，探索同此类国家建立长期战略合作关系①。

2.3.1 以相互尊重与合作共赢为指导原则

中非能源合作的第一大特征，是以相互尊重、合作共赢的原则指导中非能源合作。

相互尊重，指中国尊重非洲国家的主权和领土完整，不干涉别国内政，非洲国家拥有自主选择发展道路的权力。中非之间之所以能够建立起传统政治友谊是基于双方对对方国家主权和内政的尊重，中非的交往建立在政治平等的基础上。这一原则也是中国贯彻至今的对非交往原则。早在 1964 年，周恩来总理在访问非洲国家时提出的对外援助八项原则中就指出：中国在对外援助时要尊重受援国主权，不附带任何条件，不干涉别国内政。多年来，中国在同非洲国家开展外交关系时，一直奉行这一原则②。这种态度赢得了非洲国家和人民的信任和好感。和西方国家动辄以援助或开展能源合作为名，干涉非洲国家内政的行径相比，中国更为尊重非洲国家的主权，非洲国家也更愿意同中国开展能源合作。

中国对非洲国家主权的尊重，集中表现在当非洲国家出现内战或是重大变革时，中国采取中立立场，并未将本国的意见强加给非洲国家。无论是 30 年内战时期的安哥拉，还是南北苏丹的分裂，抑或利比亚战争时期，中国均奉行不干涉内政的原则。例如，在安哥拉内战期间，无论是安人运（安哥拉民族解放阵线）、安解阵（安哥拉人民解放运动）还是安盟（安哥拉彻底独立全国联盟），中国均对它们的示好给予热情回应。由于中国奉行不干涉内政的外交政策，在联合国取

① Henry Lee，Dan Shalmon. Searching for Oil：China's Oil Strategies in Africa［M］. China into Africa，Brookings Institution Press，2008：111.

② 参见附录一：对原中华人民共和国驻南非共和国特命全权大使林松添的访谈，问题 4。

消对利比亚制裁以前，中国的某些石油公司就已进入利比亚市场。如：中国石油集团公司自 2002 年起进入利比亚进行油气勘探和开发，并为利比亚提供配套工程服务[①]。

在此基础上，中非之间一直保持着传统友谊。中国在经济上、技术上给非洲提供了无私的支持和无偿援助，著名的坦赞铁路就是中国在非洲众多援助项目的代表之一。中国对非洲无私的援助，换来了非洲在国际政治舞台对中国的鼎力支持，对提升中国的国际影响力大有裨益。多年来，在台湾问题上，绝大多数非洲国家站在中国一边，打击“台独”势力，帮助中国成功维护国家主权和领土完整。

合作共赢指中非的能源合作应以互利互惠为主要目标，使中非均能获得收益。对中国而言，同非洲国家开展合作能优化国家的能源进口结构，分散对其他地区的进口压力，从而实现稳定油价，保护能源安全的目标。对非洲国家而言，同中国开展能源合作是理想的选择。非洲资源国需要利用本国拥有的能源换取发展的资金和技术，为本国经济的起步增添动力。在与中国开展能源合作时，非洲国家不仅有决定自身发展道路和发展方式的权力，还可以在中国的帮助下建立本国的工业体系和基础设施，这对非洲国家摆脱殖民地时留下的经济结构，发展制造业，进行经济结构转型具有积极作用。在开展中非能源合作时，中国不仅为非洲国家提供发展的资金，中国企业还高效率地完成合作协议中的建设项目。因此，中非能源合作的成功开展符合双方共同的利益需要，并有效维护了中非的国家利益。

通过对 21 世纪中非能源合作实践的梳理和分析，中国从未在与任何一个非洲国家的交往合作中，借机干涉别国内政，扰乱合作国的经济和社会秩序。相反，与中国开展能源合作的非洲国家均从与中国的合作中获益颇丰。中非能源合作的一大显著特征就是中国一直紧紧围绕相互尊重、合作共赢的原则开展能源合作。

2.3.2 中资企业在中非能源合作中发挥积极作用

中非能源合作的第二大特征，是企业在中非能源合作中发挥了非常重要的作用。

中国的能源企业不仅是中非能源合作中的主要行为体和参与角色，还推动了中非能源合作的深入发展。企业在中非能源合作中发挥的积极作用可归纳为：企业有效执行了国家的对非能源合作战略，在此过程中，企业通过开展灵活多样的合作形式使自身商业利益和国家利益达成契合，企业在实践中总结的经验教训，推动国家逐步将这些经验教训提炼抽象并上升至能源合作的战略高度，形成良性循环。

① 崔守军 . 能源大外交——中国崛起的战略支轴［M］. 北京：石油工业出版社，2012：114.

在传统的中非能源合作研究中，多数学者习惯于将中国作为整体来研究中非能源战略，而忽视了对中国不同行为体如企业、政策性银行等的专门区别性研究。随着中非能源合作的深入发展，有学者在研究中逐渐关注到中非能源合作战略中，不同参与行为体的作用，并试图分析它们之间的区别①。企业参与中非能源合作真的仅是为了完成国家政治任务吗？正如有学者指出的："利润、企业发展与储采比限制成为推动中国石油走出去的三大主要动力"。② 上述观点具有一定合理性。在中非能源合作中，企业、银行甚至保险公司等参与角色与国家的利益并非完全一致。在中非能源合作的实践中，国家允许它们表达自己的利益诉求，谋求商业价值。

然而，在国家和企业的关系中，国家仍占据主导地位，企业受到国家意志与政策的约束，企业的利益需符合国家的整体战略，企业的商业行为需符合国家意志和利益需要，国家引导企业在中非能源合作中发挥积极作用。为激发企业的主动性，国家允许企业拥有一定程度的自主经营权，并在不违背国家利益的情况下，追求商业价值。正是因为企业拥有了一定的自由裁量权，才得以在中非能源合作中发挥积极作用，为推动中非能源合作作出了积极贡献。

在中国 – 苏丹能源合作中，中国石油在 1995 年时任苏丹总统巴希尔访华之前，就与苏丹方面有过接触，并对苏丹油田的地质勘探情况进行了可行性研究③，为国家做出开展中国 – 苏丹能源合作的外交决策，做好了相应准备。同样，在 2002 年安哥拉结束内战之后，最先投身安哥拉承担基础设施建设的公司为中国机械设备工程股份有限公司四川分公司，该公司主动派人进入安哥拉与当地政府进行接洽，争取该建设项目，并取得一定进展④。这一企业行为奠定了中国 – 安哥拉的能源合作模式的成功基础。

某种程度上，中国企业在发现投资非洲具有的商机之后，为实现商业利益，具备参与中非能源合作的主观意愿。中国政府则是发现企业的意愿后，结合当时的国际形势、国家战略利益，进行综合分析，作出了支持企业行为的对非能源合作战略决策。

2.3.3 政府主导下形成了灵活多样的合作模式

中非能源合作的第三大特征，是在政府主导下形成了灵活多样的合作模式。

① Ian Taylor. China's New Role in Africa [M]. Lynne Rienner Publishers，2009：54.
② 姜璐，肖佳灵．中国对苏丹的石油外交：政企角色研究［J］．阿拉伯世界研究，2011（9）：42.
③ 姜璐，肖佳灵．中国对苏丹的石油外交：政企角色研究［J］．阿拉伯世界研究，2011（9）：43.
④ 参见附录三：对中国机械设备工程股份有限公司管理人员的访谈，问题 2。

政府主导在此是指双方主权国家中央政府以不同的形式操作、控制、影响国际能源合作的进程。具体表现为合作国双方政府的权力在能源合作领域不断扩大，政府积极参与能源合作的事宜，控制合作的整体走向，对关键节点进行审批和把控。但凡涉及能源的大型合作项目，需获得政府的同意。美国学者迈克尔·克莱尔甚至认为:“国家本身正在努力获取对国内能源方面的所有权——或者作为关键资产的所有者，或者作为能源采购、运输和配置中的重要一员。”[①]

对中国而言，中国政府正在运用外交手段，努力培养与资源国的紧密合作关系、缔结双边协议、建立可替代运输通道以及确保增加海外投资的机会。一定程度上，中国的国家利益与中国能源企业的利益交织在一起，很难将二者的利益区分开[②]。中国国有能源企业的经营行为不仅要追求商业利润，更需符合国家的总体战略考虑。当中国国有石油公司在国际石油市场上寻觅资源和良机时，在中国政府内部对中非能源合作，会根据项目规模和项目种类采取不同的分工和审批流程。国家高层领导人的互访会决定能源合作的总体方向；外交部和商务部提供政策建议和可行性分析；国家发改委和国资委根据能源项目规模进行审批和把关；国家政策性银行提供能源合作项目所需的贷款资金，能源企业负责与资源国政府相关部门及重要企业敲定合作细节并负责实施能源建设项目。中国政府虽然将能源合作的具体经营权下放给服从国家管理的大企业，但不代表会放松对能源领域的控制。事实上，能源作为国家的经济命脉一直受到政府的控制。

对非洲资源国而言，政府主导能源合作更是其能源合作的显著特征。受经济发展程度和市场经济的制约，大部分非洲资源国的能源企业均属于国有企业，直接听命于国家中央政府。不同的非洲国家会根据国家的情况执行不同的能源合作政策，其国家能源公司会执行本国制定的能源政策，以此为原则开展国际能源合作，这种情况在非洲并不鲜见。安哥拉国家石油公司于1976年成立后，便一直执行国家的各项外交政策。安哥拉外交的特色是通过能源获得发展的纽带，借此获取更多的援助和投资，使国家获得持久发展[③]。在此种能源合作政策的影响下，安哥拉同其他国家开展的能源合作也体现出这一政策精神。无论是安哥拉同中国开展的能源合作，还是安哥拉同美国开展的能源合作，外国投资者在安哥拉获取石油利益的同时，必须对安哥拉的基础设施、科教文卫等方面做出贡献，促进安哥拉本国经济发展。美国雪佛兰公司之所以获得安哥拉的青睐是由于其愿意在安

① 迈克尔·克莱尔. 石油政治学［M］. 海口：海南出版社，2009：25.

② Charles E. Ziegler. The Energy Factor in China's Foreign Policy［J］. Journal of Chinese Political Science，2006，11（1）：20.

③ 陈会颖，董秀丽. 世界能源战略与能源外交（非洲卷）［M］. 北京：知识产权出版社，2011：80.

哥拉的金融、教育等领域进行投资[①]。

21 世纪以来，中非能源合作形成了灵活多样的合作模式。在中国和非洲资源国政府的主导下，参与中非能源合作的行为体各司其职，使中非能源合作模式发挥了应有的作用。

2.3.4 进一步撬动了非洲国家的工业化发展进程

21 世纪中非能源合作的一大显著特征是中国在合适的时机与非洲开展能源合作，成功撬动了非洲国家的工业化发展进程。

在非洲与中国开展能源合作之前，鉴于殖民主义的恶行[②]，非洲国家国内的经济发展较为落后，工业化水平较低，人民生活较差。但在“二战”结束后，尤其是 20 世纪 50~60 年代起非洲的民主解放意识觉醒，民族解放运动呈现风起云涌的态势，广大非洲殖民地普遍要求和摆脱宗主国的控制，纷纷建立了民族主权国家，走上独立发展之路。因为被殖民的历史，非洲国家的人民对西方工业发达国家抱有一定程度的敌视情绪，认为西方工业发达国家掠夺了非洲的资源，却并未给他们带来实惠。

然而，形式上的独立并不意味着非洲国家可以彻底摆脱西方国家的影响，并实现真正的国家独立。在能源领域，很多能源丰富的非洲国家的油田区块被西方发达国家的能源公司垄断。一直以来非洲国家只能依靠卖油获得一定好处，缺乏自己的资金、技术以及勘探开发能力。尼日利亚作为非洲能源大国，由于本国的能源工业设施极为落后，本国所需的石油竟然需要进口。利比亚也是如此，伊德里斯王朝控制时期的利比亚丧失了对本国资源的管理权力，石油等能源的经营管理权均由外国能源公司掌控[③]。在 20 世纪，与尼日利亚、利比亚情况相似的非洲国家并不少见，部分非洲国家虽然拥有一定能源，但却未进行有效利用，转化为国家发展的动力。随着时间的推移，人民的不满情绪不断增加，要求摆脱西方控制、国家掌控本国能源工业的呼声日渐强烈。在这种要求的驱动下，21 世纪之初，很多非洲资源国开始推行多元化的能源合作政策，安哥拉、尼日利亚、利比亚等非洲主要资源国政府纷纷提出能源出口多元化的战略，以摆脱西方国家的控制。

非洲和西方国家关系上的龃龉为 21 世纪中非开展能源合作创造了客观契机。对非洲资源国而言，夺回对本国能源的控制权、建立本国独立的工业体系、提升

① 陈会颖，董秀丽 . 世界能源战略与能源外交（非洲卷）[M] . 北京：知识产权出版社，2011：82.
② 迈克尔·克莱尔 . 石油政治学 [M] . 海口：海南出版社，2009：159.
③ 陈会颖，董秀丽 . 世界能源战略与能源外交（非洲卷）[M] . 北京：知识产权出版社，2011：123.

本国石油生产技术、彻底摆脱西方国家的能源控制是它们选择与中国开展能源合作的主要原因，也是非洲国家 21 世纪能源合作的主要目标。非洲国家愿意同中国开展长期能源合作，在中非能源合作的过程中，为非洲本土企业寻找商业机会，提升其企业的竞争力①。

中国在开展中非能源合作时，撬动了非洲资源国的工业化发展进程，对非洲资源国的工业化发展有起始推动作用，功莫大焉。中国企业在成千上万的合作项目中，帮助部分非洲国家建立起了较为完备的炼化一体化工业体系。尼日利亚、安哥拉、苏丹、阿尔及利亚等国均成功建立起独立的一体化能源工业发展体系。南北苏丹在与中国合作后，现已建立起全流程、产业链的现代石油工业体系，极大地提升了苏丹的工业化发展水平②。石油产业成为苏丹国民经济发展的支柱产业之一，为苏丹赢得了大量外汇，为经济发展注入了新的动力，使苏丹的国内生产总值提升近三成③。由此可见，中国和苏丹的能源合作切实为苏丹带来了资源、教育、就业、基础设施等许多方面的改变，正如南达尔富尔州副州长法拉赫·穆斯塔法说："我们面临的主要问题是资源、教育、卫生、电力、道路、桥梁等，中国提供的教育、卫生等方面的支持，是达尔富尔人民所需要的，中国也是世界上第一个给予达尔富尔地区这种帮助的国家。"④

2.4 中国与非洲国家油气合作

非洲拥有丰富的油气资源，非洲人民在反殖民主义的斗争中，与中国建立了良好的友谊，双方具有互利共赢的合作基础。21 世纪以来，中国相继同安哥拉、苏丹、尼日利亚、喀麦隆、阿尔及利亚、埃及、埃塞俄比亚等国建立了油气合作。特别是近十年来，通过不断完善中非能源伙伴机制，聚焦能源安全、能源转型等重要议题，不断为全球能源治理贡献中国方案和中国智慧。2024 年 9 月，中国和非洲国家首脑峰会在北京隆重举行，中国和论坛 50 多名非方成员领导人、非洲地区组织和国际组织代表再次聚首北京，共叙友谊、共话未来，擘画中非关系共同发展新蓝图，谱写"全球南方"团结合作新篇章。中国与非洲主要产油大国是如何开展油气合作的？有利条件和制约因素有哪些？本节将逐一阐述。

---

① Harry G Broadman. Chinese-African Trade and Investment : The Vanguard of South-South Commerce in the Twenty-First Century [M] . Brookings Institution Press，2008 : 107.

② 张安平，李文，于秋波 . 中国与苏丹石油合作模式的实证分析 [J] . 西亚非洲，2011 (3) : 3.

③ 陈松川 . 中国对外援助政策取向研究 (1950—2010) [M] . 北京：清华大学出版社，2017 : 189.

④ 刘鸿武，李新烽 . 全球视野下的达尔富尔问题研究 [M] . 北京：世界知识出版社，2008 : 181.

2.4.1 中国与尼日利亚的油气合作

中国与尼日利亚于 1971 年正式建交，两国在政治、经贸、文化等领域开展了多种形式的合作。石油是尼日利亚最重要的矿产资源，其出产的原油超过 60% 是低硫含量的轻质油，质量很高。据《BP 世界能源统计 2015》数据统计，截至 2014 年底，尼日利亚剩余石油可采储量 371 亿桶，位居非洲第二，世界第十一；剩余天然气可采储量 5.1 万亿立方米，位居非洲第一，世界第九。2014 年，原油产能 380 万桶 / 日，平均产量 236 万桶 / 日，年产 1.14 亿吨左右，位居非洲第一，世界第十二；天然气年产量 386 亿立方米，居非洲第三，世界第十九[①]。

和中国在其他非洲国家开展的油气合作相比，虽然尼日利亚油气资源丰富，中国与尼日利亚的油气合作开展并不顺利。造成这种情况的原因是：首先，西方国家的能源公司早于中国已与尼日利亚建立合作关系。鉴于尼日利亚拥有丰富的油气资源，西方国家的能源公司早在 20 世纪 30 年代就已纷纷进入尼日利亚开采原油，通过多种形式掌握了对尼日利亚油田的控制权，先于中国与尼日利亚建立了油气合作关系。和中国的能源企业相比，西方国家的能源企业具有先发优势。而中国的能源企业中国石化、中国石油和中国海油在 21 世纪初期积极响应国家的“走出去”战略后，才逐渐打开尼日利亚石油市场。2004 年，中国石化首先独立获得乍得盆地第 64、66 区块的勘探权；2006 年，中国海油出资 27 亿美元，购入尼日尔三角洲 ML130 区块 45% 的权益，预估该地石油储量 6 亿吨；同年中国石油斥资 20 亿美元获卡杜纳炼油厂 51% 的股份，并赢得 OPL471、OPL721、OPL732 和 OPL298 四个区块[②]。其次，尼日利亚投资环境较差。由于尼日利亚民族很多，包括豪萨 – 富拉民族、约鲁巴民族、伊博族等，宗教信仰复杂，由宗教信仰不同引发的民族主义及种族冲突频发，尼日利亚国内经常爆发小规模的武装冲突。同时，尼日利亚社会治安不稳定，国内贫富差距较大，当地人民在民族主义思想的驱使下，会通过抢夺石油权益来发泄不满情绪。在此种情形下，外国投资者在尼日利亚的投资权益往往得不到有效保护，投资设施时常遭到破坏。第三，尼日利亚政府治理能力堪忧。国家对于涉及重大利益的部门官员监管力度不足，尽管也出台了相关法律法规，但未能刚性执行，监管缺失，导致腐败问题蔚然成风。尼日利亚官员腐败现象相当普遍，尤其是在发放石油勘探许可证、开发权及承包项目的授予方面经常取决于少数官员，为腐败行为的滋生提供了土壤[③]。

① 刘叔考 . 中资企业在尼日利亚油气合作面临的挑战和机遇［J］. 国际石油经济，2016，(5)：85.

② 汪峰 . 中国与尼日利亚石油合作面临的挑战及对策［J］. 国际石油经济，2010，(5)：9.

③ 汪峰 . 中国与尼日利亚石油合作面临的挑战及对策［J］. 国际石油经济，2010，(5)：10.

尽管中国和尼日利亚的油气合作面临一定问题，但不可否认的是，中尼的油气合作仍有广阔的空间和光明的未来。

2.4.2 中国与阿尔及利亚的油气合作

阿尔及利亚拥有丰富的油气资源，素有“北非油库”之称，是非洲石油天然气重要的生产国，是石油输出国组织中第二大天然气生产国。石油储量约为 12 亿吨，主要为撒哈拉轻质油，开采成本约 4 美元 / 桶，以现在的开采能力可开采 40 年。石油天然气是阿尔及利亚的支柱产业，油气产值占其国内生产总值的 30%，税收占其国家财政收入的 60%，出口占其国家出口总额的 98%[①]。

和中国在尼日利亚的油气投资相似，中国能源企业中国石化、中国石油也于 2001 年相继进入阿尔及利亚开展油气合作。目前，中国石化、中国石油在阿尔及利亚的油气合作项目包括扎尔扎亭油田提高采收率工程、阿德拉尔上下游一体化项目、谢里夫盆地 112/102A 区块和乌埃德姆盆地 350 区块的油气勘探项目、斯基克达凝析油炼油厂建设项目等。其中，中国石化在 2001 年 10 月 14 日，击败西班牙雷普索尔公司，与阿尔及利亚签署提高扎尔扎亭油田采收率项目的合作合同，表明中阿双边经济合作已从传统的建筑、水利等领域扩展到石油业，是中阿经贸关系中的一次突破[②]。

中国和阿尔及利亚发展油气合作有广阔的前景，和尼日利亚相比，阿尔及利亚的投资环境相对稳定，社会治安相对稳定，资源国政府的掌控力更强，颁布的法律对外国投资者更为友好。然而，中国 – 阿尔及利亚的油气合作仍存在制约因素。其中，笔者认为，阿尔及利亚与欧盟国家建立的深厚的经贸合作伙伴关系会对中阿开展油气合作造成一定桎梏。通常，资源国政府会对已开展合作的能源企业更为信赖，特别是油气合作这种大宗、长期的投资项目，资源国政府会更倾向将新的油气合作项目交给传统业务合作伙伴。对于后进入阿尔及利亚的中国能源企业来说，打开阿尔及利亚的油气市场，建立合作关系，获得合作项目的难度更大。不过，随着中阿建立政治互信、经济互利的合作伙伴关系，中国能源企业也具有独特优势，相信未来中国和阿尔及利亚的油气合作将持续深入。

2.4.3 中国与南苏丹的油气合作

2011 年 7 月，南苏丹独立。从此非洲最大的国家一分为二，南苏丹划走了大量石油储量，独立后带走原苏丹 60% 以上的石油储量，石油收入占政府财政

① 王有勇 . 中国与阿尔及利亚的能源合作［J］. 阿拉伯世界研究，2007，(2)：35.
② 王有勇 . 中国与阿尔及利亚的能源合作［J］. 阿拉伯世界研究，2007，(2)：36.

收入的 98%，但经济结构单一，道路、水电、医疗、卫生、教育等基础设施及社会服务严重缺失[①]。由于南苏丹的经济对石油的严重依赖，产业结构过于单一，随着油价在低位徘徊，南苏丹经济后退严重，居民生活受到严重影响，社会冲突加剧。2013 年 12 月，南苏丹内战爆发，此后多个政治派别围绕政治权力展开激烈争夺，多次爆发武装冲突，国家的安全形势不容乐观。

当前，中国是南苏丹石油工业最大的投资者和石油的进口国，在南苏丹国内有较强的影响力，中国的石油企业在南苏丹 3/7 区块和 1 区块保留有项目[②]。中国与南苏丹也有良好的政治关系，为双方开展深入石油合作奠定了基础。然而，受制于南苏丹频繁的内战及不稳定的社会治安，有可能对中国石油企业在南苏丹的投资造成损失。鉴于此种情况，中国应提前进行风险评估，建立风险预警机制，加强分析研判，对可能发生的风险做好切实的应对措施，以避免不必要的人员和财产损失。同时，在市场投标报价之前，应做好可行性研究，将南苏丹当地的政治、社会影响因素纳入分析，谨慎评估，识别风险，为投资决策提供充分的参考。

① 张燕伟等 . 中国与南苏丹政局走势及石油投资对策［J］. 国际石油经济，2019,（10）：61.

② 张燕伟等 . 中国与南苏丹政局走势及石油投资对策［J］. 国际石油经济，2019,（10）：63.

第 3 章 中非能源合作模式分析

21 世纪中国对外能源合作迅速发展，中非能源合作成果斐然，未来发展空间潜力巨大。根据中国海关总署的统计数据，2019 年中国从非洲进口原油约为 4060 万吨，这个数字占据了中国原油总进口量的 10% 以上。其中尼日利亚以 139 万桶 / 日的产量继续保持其非洲最大石油生产国，安哥拉以 115 万桶 / 日的产量位居非洲第二位。2023 年中国从非洲进口原油量约占中国原油总进口量的 9%。

非洲几个能源大国均同中国建立了良好的能源合作关系。从 21 世纪初期的统计数据分析，海湾国家是中国的主要石油进口国，进口原油数量约占中国原油总进口量的 60%。2023 年海湾国家进口原油数量占比下降，约占中国原油总进口量的 46%。但为了保障能源安全，优化能源进口结构，中国仍然需要大力发展同世界其他地区的能源合作，非洲国家的能源产量在满足本国以及本地区的能源需求之后，仍有较大余量可以用于出口。

在 21 世纪中非能源合作实践中，中国政府的能源合作政策一直在发展、变化[①]。然而，学术界对中非能源合作的研究缺乏系统的理论抽象。为什么中国对外能源合作政策在 21 世纪会发生调整？什么才是决定中国对外能源合作调整的根本原因？本章将对上述问题做出回答，并分析梳理出 21 世纪中非能源合作的模式、参与角色、基本运行体系。中非能源合作模式的提出，预示着中非能源合作实践中可有多种模式、路径或相互转换，并能在较长时期里产生较为显著的效果。本章将系统阐释中非能源合作模式的基本假设、总体框架、划分标准、模式分类、路径以及原因。

3.1 中非能源合作模式

能源合作模式，此处指国家在实施能源合作战略过程中抽象形成的普适性实践经验、路径以及方法。总结中非能源合作模式，旨在为今后中非能源合作提供参考依据和理论指导。

① Ian Taylor. China's New Role in Africa［M］. Colorado：Lynne Rienner Publishers，2009：54.

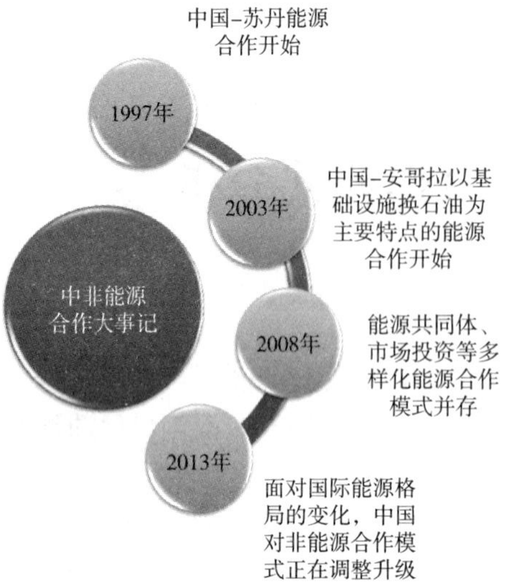

图 3-1　中非能源合作大事记

纵观中非能源合作的实践过程，可以总结出四个关键时间节点：1997 年，中国与苏丹开展了国家援助框架下的能源合作；2003 年，中国与安哥拉开展了以投资换能源的合作；2008 年以后，中非能源合作呈现多样化的合作形式；2013 年面对国际能源格局的新变化，中国开始探索调整升级中非能源合作新模式。图 3-1 为中非能源合作大事记。本节将通过梳理 21 世纪以来中非的能源合作实践经验，分析出新时期中非能源合作模式的基本框架以及四种具有代表性的模式，并剖析它们的演变和发展过程。

3.1.1　中非能源合作模式的内涵

为什么在 20 世纪末至 21 世纪初期的中非能源合作中会出现四种模式？影响中非能源合作模式变化的根本原因是什么？南非学者露西・科尔金认为：中国政府试图将能源合作作为提升中国在非洲政治影响力的工具，这是中国调整对非能源合作战略的原因①。然而，纵观 20 多年来的中非能源合作实践，此种观点并不正确且失之偏颇。影响四种模式相互变化的根本原因，是中国政府能够根据资源国实际情况、政策与合作要求的变化及时调整能源合作模式，使中非能源合作迅速取得成效。此外，值得注意的问题是中国政府是否会因为域外大国在非洲的竞争，调整对非能源合作战略？对此本书经过分析后认为，中国政府在制定中非能源合作战略时受此因素影响较小。

首先，资源国对本国政权的控制力，直接影响中国政府选择能源合作模式。国家政府的控制力是国家生存的根本，如果政府没有足够的能力维护政权和社会稳定，能源工业的发展更无从谈起。面对资源国政府无力依靠自身力量单独发展大规模能源工业这种情况，资源国政府借助外力的帮助，建成本国的大型能源项目不失为一种可行可取的路径。对中国而言，当面对政权控制力不足的非洲国家时，通过采取国家援助框架下的能源合作模式，促使中非能源合作逐步推进是一种正确的方法。但是随着资源国政权控制力增强，中国政府需要相应地调整能源

① Lucy Corkin. China and Angola：Strategic Partnership or Marriage of Convenience? [J]. Angola Brief，2011，1：73.

合作的方式，改为不再直接参与能源合作实施时的日常管理，让企业成为能源合作模式的行为主体。使市场投资模式逐渐取代国家援助框架下的中非能源合作模式。

其次，资源国管理能源的能力，直接影响中非能源合作模式的选择。能源投资与其他商业投资不同，具有投资规模大、周期长、前期投入较大等特点。如果资源国管理能源的能力强，中国会选择参与程度相对较低的合作模式。一旦资源国政府不具备足够能力管理本国资源，中国政府只能选择参与程度较高的能源合作模式，才能保证中国在当地的能源投资获得预期收益，能源合作得以顺利推进。在此过程中，一旦某些资源国有能力掌控本国能源，中国政府就会选择更合适的能源合作方式。

再次，资源国的市场投资环境变化，是影响中国调整能源合作模式的主要因素之一。企业的投资方式和热情受市场投资环境的影响较大。而能源合作模式的有效实施离不开企业的参与，只有激发企业的主动性，才能使中非能源合作模式得到贯彻执行。资源国的市场投资环境是否成熟，资源国政府制定的政策能否吸引外资，都会影响企业参与的积极性。当与市场投资环境不理想的非洲国家合作时，企业的投资和贸易成本将非常高昂[①]，这就需要中国政府选择参与程度较高的能源合作模式，从国家层面提供支持保护，保证企业的经济效益，引导企业进入此类国家投资，推动能源合作的顺利开展。

最后，其他大国在非洲资源国的竞争，是中非能源合作模式中的干扰变量。其他大国不是中国调整对非能源合作模式的决定因素，而决定中国政府调整对非能源合作战略的根本原因是非洲资源国的综合国力。当中国在非洲面对不同的大国在能源领域竞争时，并未因此调整对非能源合作模式。例如，中国在安哥拉、刚果（金）、刚果（布）均开展了以投资换能源为主要特点的能源合作模式。虽然，中国在上述国家面临其他大国不同程度的激烈竞争，但中国并未因此调整能源合作模式。相反，中国会根据资源国的国情选择不同的能源合作模式。20 世纪 90 年代末期中国同苏丹、21 世纪初期中国同安哥拉开展的能源合作面临相似的背景：20 世纪 90 年代西方能源巨头纷纷从苏丹撤资，2002 年结束内战的安哥拉在寻求西方投资时屡屡碰壁。西方能源巨头都不愿意冒巨大风险对这两国的能源开发予以投资。可见，其他大国同中国在苏丹和安哥拉的竞争并不激烈。然而，中国政府在开展同苏丹、同安哥拉的能源合作时，却选择了不同的能源合作

① Harry G Broadman. Chinese-African Trade and Investment : The Vanguard of South-South Commerce in the Twenty-First Century [M] . Brookings Institution Press，2008 : 92.

战略，与苏丹开展了国家援助框架下的能源合作，与安哥拉开展了以投资换能源的合作模式。

这充分说明其他大国并非中国选择对非能源合作模式的主要影响因素。在中非能源合作模式的选择上，立足中非合作实际，非洲资源国的基本国情才是中国政府决策的核心因素之一。

3.1.2 中非能源合作模式的总体分析

21 世纪的中非能源合作在正确的发展战略指引下，成效显著。从发展过程分析，中非能源合作的规模逐渐扩大，能源合作的对象由此及彼，由点到面，到 2023 年，中非能源合作范围几乎覆盖 53 个非洲国家。从能源合作的品种分析，中非能源合作品种从以单纯的原油贸易为主向开发石油、天然气、光伏发电等多品种合作方向深入推进。从能源合作的实施效果分析，中非从实施单一能源合作模式到运用多种模式，中非能源合作形成的产品附加值在不断提高，产业价值链越发完整，产生的经济效益也与日俱增。从对非洲社会的发展影响分析，随着中非能源合作的日趋深入，中非能源合作给非洲社会带来了方方面面的影响。非洲国家的经济发展水平不断提高、吸收外资规模大幅增长，非洲人民的生活水平得到了极大改善，非洲社会在正确轨道上迅速发展。

中非能源合作之所以能取得上述成果，主要得益于清晰的路径规划以及高效的执行力。回顾 21 世纪以来的中非能源合作实践，大致遵循自上而下的相似路径。这一路径主要包含三个步骤：第一步，中非两国领导人通过首脑外交、高层会晤等形式达成合作意向；第二步，两国政府进行磋商、谈判，形成中非能源合作的框架性协议；第三步，能源合作进入实施阶段。

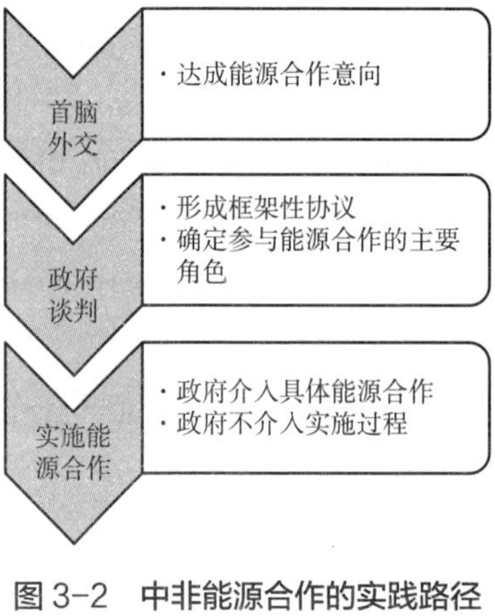

图 3-2 中非能源合作的实践路径

根据对中非能源合作的实践分析，等到两国的能源合作进入稳定的运转轨道后，会出现两种不同的合作形式：政府介入能源合作过程或者政府不介入能源合作过程。在政府不介入能源合作过程中，政策性银行、能源企业和保险公司会组合接手执行两国的能源合作的具体实施过程。具体如图 3-2 所示。

显而易见，首脑外交是中非达成能源合作意向的第一步。中非之间的政治友谊、国家间的共同利益、相似的决策流程都是影响首脑外交成功与否的因素。如前文所述，中非之间具有长期的政治友谊，在维护政治关系、促进经济社会发展方面具有共同的需求，因此双方高级领导人之间容易形成共识。此外，中非双方国内的重大项目决策路径较为一致，大都遵循自上而下的决策流程，这为首脑顺利达成一致提供了便利。

21 世纪以来，首脑外交的开展有效促进了中非能源合作。中国通过积极高效的首脑外交，为中非能源合作的顺利开展铺平了道路。中非能源合作的起点应为 1996—1997 年中国－苏丹开展的能源合作。两国首脑在推动能源合作方面，发挥了极为重要的引领作用，有效促进了中国与苏丹的能源合作。1996 年应时任苏丹总统巴希尔的请求，中华人民共和国国家主席江泽民同志指示中国石油研究进入苏丹，开发该国油田区块的可能性，随后中国－苏丹的能源合作得以大规模展开。2012 年 1 月 13—15 日，时任中央政治局委员、中央书记处书记、中组部部长李源潮同志率领中国代表团访问苏丹。访问期间，中国石油与苏丹石油部签署两项协议，分别是《中苏石油勘探开发合作协议》《中苏原油贸易预付款协议》①。

中国和尼日利亚的能源合作也离不开首脑外交的贡献。2014 年 5 月 7 日，中华人民共和国总理李克强与尼日利亚总统乔纳森会谈，经过两国领导人的良好沟通，中国和尼日利亚在多个经贸合作领域取得了合作意向和共识。2016 年 7 月，尼日利亚宣布已经与中国企业签署了价值 800 亿美元的初步协议，中国企业将对该国的石油和天然气等基础设施进行升级改造②。有了首脑外交的铺垫，中国－尼日利亚的能源合作顺利实施。

鉴于首脑外交在中非能源合作中发挥的重要作用，中国政府在 2015 年发布的《中非洲政策文件》中特意肯定了首脑外交的价值，表示："推动中非合作全面发展，就要增强政治互信，密切高层交往，发挥高层交往的政治引领作用，保持中非领导人频繁互访和对话势头。"③

在路径第二步之中，政府部门进一步的谈判正式启动。在进行路径第二步时，政府间谈判进程和由此形成不同的框架性协议，均受到非洲资源国政府能力和中国政府参与程度的影响。对于中国与非洲国家政府而言，非洲资源国的政府能力会影响中国政府的参与程度，使形成的能源合作框架性协议呈现不同特点。当非洲资源国政府能力相对较弱时，中国政府会参与得更多，介入得更深；当非洲资源国政府能力较强时，说明该国政府具备掌控国内局势的足够能力，中国政府介入中非能源合作具体事务的时间亦会相对减少。

① 刘鸿武 . 新时期中非合作关系研究［M］. 北京：经济科学出版社，2016：361.
② 张颖 . 首脑外交视阈下的中非关系［M］. 北京：时事出版社，2017：73.
③ 数据来源：中华人民共和国外交部网站，https：//www.fmprc.gov.cn/web/zyxw/t1321556.shtml.

纵观中非能源合作的历程，中国政府的参与程度随着时间的推移逐渐降低。表现为在中国与非洲国家政府形成的能源合作框架性协议中，援助以及安保支援等不再作为中非能源合作的配套条件出现。自 1996 年开始的中国 – 苏丹能源合作是中非能源合作的起点与标志性事件，可归于国家援助框架下的能源合作模式。陈松川等学者将中国 – 苏丹的能源合作归为传统援助范畴，然而笔者并不认同。诚然，在中国 – 苏丹的能源合作中，中国政府为促成两国的能源合作，为苏丹提供了必要的配套援助和安保支持，但两国合作的本质仍是以平等互利的原则开展的经贸合作，援助仅是在特定时间中，一种提升能源合作效果的有效手段。

在路径第三步之中，能源合作模式初步形成并步入实施阶段。受不同模式的参与行为体以及投资国市场商业化程度的影响，各种能源合作模式呈现出独特的表现形式。每种能源合作模式在实际运行中，都有一个参与角色充当行为主体，是某一类能源合作模式运转的枢纽，并确保模式的顺利运行。在能源合作的实施阶段，两国的政治首脑、政府机构仍密切关注着能源合作项目的运转，通过双边对话机制，进行交流磋商，协调解决项目进程中出现的各种困难，全力促进中非能源合作的顺利开展。

通过梳理、分析中非能源合作 20 多年的实践经验可以发现，国家政府、政策性银行、能源企业都曾是某一种能源合作模式的运转枢纽。随着各能源合作模式行为主体的变化以及实际的运转，各模式的商业化程度并不一样。当中国政府作为行为主体介入能源合作的具体运行时，此模式的商业化程度相对较低。而当能源企业、政策性银行作为中非能源合作模式的行为主体时，非洲资源国的政府能力相对较强，市场投资环境相对较为成熟，能源企业成为能源合作模式的运转枢纽，该模式的商业化程度相对提升。通过首脑外交先行、政府机构谈判、具体行为体实施这三个步骤，中非能源合作得以有序进行。

3.1.3 中非能源合作模式的参与角色

21 世纪以来的中非能源合作特征突出、成效显著，所取得的成绩除了清晰的路径规划，各参与角色之间明确的分工与协作也对能源合作模式的成功提供了必要助力。在中非能源合作中，存在多个行为体，不应将它们看作一个整体，而应具体分析每个行为体扮演的角色及其利益诉求①。事实上，在对中国与 53 个非洲国家以及 6 个地区开展的能源合作逐一研究后发现，经过首脑外交、政府谈判之后，中非能源合作形成了庞大、复杂的动态实施体系。其中，两国政府、政策性

① Ian Taylor. China's New Role in Africa [M] . Lynne Rienner Publishers，2009：178.

银行、参与能源合作的企业、保险公司等都发挥着重要作用。

在能源合作进入实施阶段后，由于各参与角色发挥的作用不同，可总结出四种不同的能源合作模式：国家援助框架下的能源合作模式、以投资换能源模式、能源共同体模式以及市场投资模式。这四种中非能源合作模式各有其行为主体，其他参与角色围绕这个行为主体开展能源合作。可根据资源国政府能力和时间推移，将中非能源合作模式概括为四种模式，如图 3–3 所示。

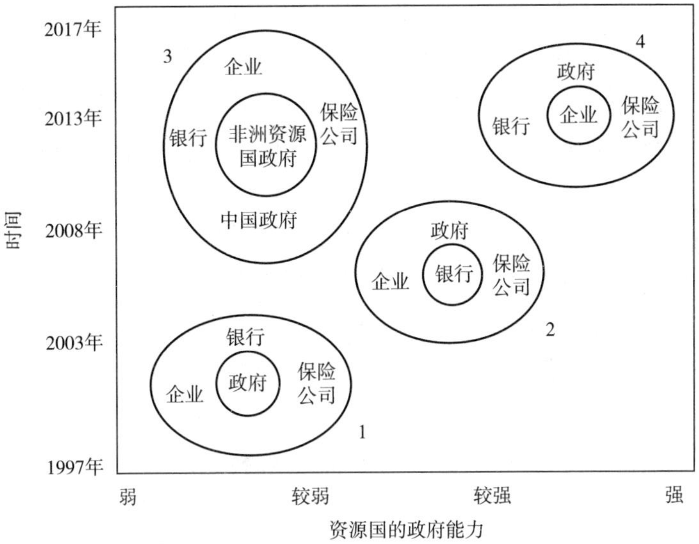

图 3–3　新时期中非能源合作模式的框架图

在图 3–3 中，各模式的中心圆中的角色为行为主体，外圈圆为其他参与角色。编号 1 为国家援助框架下的能源合作模式，编号 2 为以投资换能源模式，编号 3 为能源共同体模式，编号 4 为市场投资模式。

在图 3–3 中，作者主要根据时间关键节点，在纵坐标中进行划分。五个关键时间点分别为 1997 年、2003 年、2008 年、2013 年、2017 年。其中，1997 年是国家援助框架下的能源合作模式（编号 1）的开始日期，可将其作为研究的起点；2003 年是以投资换能源模式（编号 2）的开始日期；2008 年是以投资换能源模式优化升级的转型之年；2013 年以后，多种能源合作模式同时存在于中非能源合作中。由此可见，在中非能源合作的实践中，每间隔 4~5 年，合作双方就会对合作模式进行一定程度的调整。

横坐标根据资源国政府能力进行区分，划分为四个维度：弱、较弱、较强、强。在四种能源合作模式中，各参与角色发挥的作用不同，当各能源合作模式的行为主体（中心圆中角色）进行调整时，其他参与角色也会相应变化。

当资源国政府能力较弱时，政府直接介入能源合作的运转，成为能源合作模式的主体。当资源国政府能力提升后，政府不再介入能源合作，由政策性银行、合作企业取而代之，成为模式的主体。以下是对国家及各行为体作用的具体分析。

①中国政府的作用

中国政府在中非能源合作模式的形成过程中发挥了关键作用。中国领导人设计确定了中非能源合作战略。中国政府推动将国家首脑的意志付诸实践，促进中非能源合作目标的实现。在此过程中，中国政府因地制宜，设计有针对性的能源合作实施方案，面对实践中可能出现的问题，中国政府通过政治、援助、安保手段提供保障，促使中非能源合作模式有序推进。此外，在中非能源合作发展的重要关口，中国政府准确把握了合作时机，有效推动中非能源合作高质量发展。

纵观中非能源合作 20 多年的实践，中国根据非洲资源国拥有的能源属性将其划分为四类，并据此开展不同形式的能源合作。第一类，为拥有显性能源的国家，如安哥拉、尼日利亚、苏丹、南非等。第二类，为拥有隐性能源的国家。此类国家拥有的能源虽然无法立即为中国带来经济利益，但有利于中国的长远发展，如埃塞俄比亚等。第三类，为拥有重要地缘战略位置的国家。如马里、吉布提等。第四类，为既无能源，也不具有重要的地理位置的国家。但中国从共同构建中非命运共同体战略目标出发，牺牲短期经济利益，探索拓展长远合作发展空间，如塞舌尔等[①]。

对于第一类非洲国家，中国政府立足于非洲国家的国情和实际需要，有策略、有针对性地探索不同的能源合作模式，扩大经济交往联系，深化经贸合作。对于第二类国家，中国政府以援助为主要手段，以树立中国的正面形象为目标，深化和此类国家的政治关系，扩大中国的影响力，形成示范效应，吸引更多的非洲国家与中国发展经贸联系。对于第三类国家，中国根据它们拥有的战略位置，协助其修建港口等基础设施，着力打造互联互通的能源运输线路，在协助维护非洲国家安全的同时，保障中国能源的运输安全。自 2013 年起，中国首次向马里派遣武装安全部队，协助打击该国的贩毒犯罪等问题[②]。对于第四类国家，中国以“不附加任何政治条件”的援助为手段，与“附加条件”的西方援助区分开，给非洲人民提供不同的发展路径，将无偿援助、贴息贷款与优惠贷款三种援助手段有机结合，立足于非洲国家的需要，促进第四类国家的发展。

在上述基本原则的指导下，中国政府的不同机构分工合作，共同促进中非能

① 张宇炎 . 中国对“中国 – 安哥拉能源合作”管理政策变化分析［J］. 国际观察，2012（1）：58.

② 张颖 . 首脑外交视阈下的中非关系［M］. 北京：时事出版社，2017：142.

源合作的深入发展。中非优惠贷款由商务部、外交部以及财政部共同负责，商务部还会定期组织会议，听取相关能源合作项目的进展情况[①]。南非学者露西·科尔金表示，在中非能源合作中，中国商务部负责协调优惠贷款的发放和使用情况[②]。

②资源国政府的作用

21 世纪以来，非洲资源国政府在中非能源合作中的作用不断调整。本书依据资源国对本国能源的利用水平、管理能源的能力两个维度进行分类，可将非洲的资源国分为两类，对于那些能源挖掘程度高、管理水平较高以及政府能力较强的资源国如南非、埃及等，是能源合作模式的高效行为主体，有能力制定相应的招商引资政策，实现优化资源配置、技术互补，促进本国经济发展的目标。然而，对于如苏丹、尼日利亚、津巴布韦等资源国而言，普遍存在能源挖掘水平低、管理手段落后、法律法规不完备等问题，受国家执政能力的制约，此类国家的政府暂不主导中非能源合作的实践，在中非能源合作中发挥的作用不太大。它们的首要目标是从中非能源合作中获取资金，改善本国落后的经济现状。

在 21 世纪中非能源合作中，对非洲资源国政府发挥的作用评价不一，有的国家政府作用发挥好，有的国家政府作用发挥得不理想。对此需要某些非洲国家认真思考，如何在中非能源合作中发挥更大的政府主导作用。正如英国学者伊恩·泰勒的观点，非洲国家不能指望中国来维护非洲国家的利益，本国的经济发展取决于非洲领导人如何管理、维护中非关系[③]。

③政策性银行的作用

中国的政策性银行参与中非能源合作过程，有效地规避了其中的金融风险。中国的政策性银行发挥的具体作用为：为参与中非能源合作的企业提供具有优惠性质的贷款，合理运用资金杠杆，促使能源合作模式正常运转。有别于一般性商业银行，中国政策性银行受国家政策约束。在中非能源合作实践中，中国政策性银行一直发挥着独特的作用，按照中非能源合作的政策精神，协助中非发展更加灵活的能源合作模式。如图 3-3 所示，在以投资换能源模式中，政策性银行是此模式的运转主体，运用资金杠杆维系此模式的运转。政策性银行为企业放出优惠贷款，非洲资源国将本国能源作为质押物，冲抵建设企业的建设费用。本质上，政策性银行在以投资换能源模式中为合作双方提供了值得信赖的担保平台，有效

① Lucy Corkin. Uncovering African Agency : Angola' s Magement of China' s Credit Lines [M] . Ashgate Publishing Limited，2013 : 66-67.

② 同上，68.

③ Ian Taylor. China' s New Role in Africa [M] . Lynne Rienner Publishers，2009 : 181.

降低了合作双方的投资风险，保障了以投资换能源模式的顺利运行。

需要注意的是，以中国进出口银行为代表的中国政策性金融机构虽然属于国有政策性银行，其行为需在符合国家能源合作战略的前提下运行，但因本身作为银行也有规避金融风险、谋求商业利益的诉求。例如，在中国－安哥拉的能源合作框架协议中，中国进出口银行就提出，要加收1%的利率作为保证金，以规避潜在的违约风险。2007年，时任中国进出口银行行长的李若谷表示："进出口银行要逐渐减少对国家政府补贴的依赖，通过商业化的运作寻求转型升级。"①

因此，中非能源合作中的政策性银行在有效执行国家战略的基础上，兼顾了自己的商业利益，实现了国家利益和商业利益的统一。经过多年的合作，中国的金融企业在非洲逐渐形成了全方位、立体化、多层次的金融服务体系，为中非能源合作提供了大量的资金支持，有力地支持了中非能源合作战略的实现。中国国家开发银行、中国进出口银行等政策性银行遵循国家政策，在非洲开展政策性金融支持，2018年9月5日的中非合作论坛－北京行动计划中，中国承诺"将向非洲国家提供优惠性质贷款、出口信贷以及出口信用保险额度支持，适当提高优惠贷款优惠度，创新融资模式，优化贷款条件，支持中非共建'一带一路'，支持中非产能合作和非洲基础设施建设、能源资源开发、农业和制造业发展以及全产业链综合开发。中方将提供200亿美元信贷资金额度，支持设立100亿美元的中非开发性金融专项资金"②。与此同时，中国支持中非发展基金、丝路银行、非洲共同增长基金等的发展，为中非的能源合作提供多样化的资金安排和选择。商业银行如中国工商银行、中国银行、中国建设银行、中国农业银行等也在非洲相继建立分支机构，积极开展金融服务。据2017年统计数据显示，中国对非直接投资达到41亿美元，同比增长70.8%，占中国对外直接投资的2.6%③。

④中国能源企业以及建设企业的作用

20多年来，中国能源企业以及建设企业在中非能源合作中发挥的作用、参与的方式在不断调整。在中非能源合作实践的开始阶段，中国能源企业和建设企业的行为以被动参与为主要特点。表现为企业在符合国家政治利益的前提下，被动执行国家的能源合作政策，开展经营活动并获取经济利润。例如在中国－苏丹的能源合作的初始阶段，中国石油作为参与此项目的企业，是在接到国家领导的

① Lucy Corkin. Uncovering African Agency：Angola's Magement of China's Credit Lines［M］. Ashgate Publishing Limited，2013：72.

② 数据来源：中华人民共和国外交部网站，https：//www.fmprc.gov.cn/web/zyxw/t1592067.shtml.

③ 商务部，国家统计局，国家外汇管理局．2017年度中国对外直接投资统计公报［R］. 北京：中国统计出版社，2017：22.

相关指示后，才开始评估、研究进入苏丹进行能源开发的可行性。这种参与方式下的中国企业的主动性不强、参与积极性不高，更多的是把能源合作项目当作政治任务来完成，不仅不利于激发企业的主动性，与世界其他能源公司的横向交流有限，而且对提高本企业的国际竞争力也并无益处。

然而，进入 21 世纪以来，中国政府将“走出去”确立为中国对外发展的战略之一，中国企业开始拥有更多的自主权，在非洲的参与主动性不断提升。在 2003 年中国 – 安哥拉的能源合作中，最先进入安哥拉承担基础设施建设的公司为中国机械设备工程股份有限公司四川分公司，该公司在安哥拉结束内战后，通过可行性研究，认为在该国投资具有较大利润空间，于是派出人员主动进入安哥拉与当地政府进行接洽，争取到该建设项目[①]。2008 年后，甚至出现以企业为行为主体参与的能源合作模式（如图 3–3 所示的市场投资模式）。此外，中国企业和世界其他国家的能源企业合作增加，交流频繁，成功将部分竞争对手变为合作伙伴，甚至根据需要成立中国与其他国家企业共同参与的合资公司或联合作业体，共同开发非洲地区的能源。

⑤中国保险公司的作用

与上述行为体相比，中国保险公司在 20 多年的中非能源合作中同样不可或缺，是中非能源合作在正常轨道运行的“润滑剂”。非洲国家存在政权稳定性不强、法律法规不够完善、政府执行能力弱等特点，为帮助中国企业有效规避上述不稳定因素，降低投资成本，中国保险公司扮演了重要作用。目前，在中国企业参与非洲投资项目时，通常会选择投保中国出口信用保险公司。该公司主要承保征收和国有化、汇兑限制、战争和政治暴乱以及东道国政府违约所带来的法律风险[②]。中国企业可根据合作国情况的不同，选择合适的险种进行投保，最大限度地降低投资风险，减少损失。如中国企业在和南北苏丹、刚果（金）、利比亚等国开展能源合作时，中国企业宜提前选择战争以及政治暴乱类险种投保。参与非洲能源项目的企业需要通过购买再保险的方式为大型成套设备投保，以降低运输建筑材料可能带来的损失。再如中国在与津巴布韦等国开展能源合作时，鉴于该国投资类法律更替较快，可选择投保东道国政府违约带来的法律风险。此举可以帮助企业再次分散在非洲的投资风险，辅助能源合作模式的顺利实施。

① 参见附录三：对中国机械设备工程股份有限公司管理人员的访谈，问题 2。

② 乔慧娟 . 论中资矿业企业非洲投资法律风险的防范——以赞比亚中资矿业企业为视角［J］. 中国国土资源经济，2014（2）：65.

在中非能源合作的实施过程中，中国企业还通过选择与多边保险机构合作，进一步降低货币金融风险。例如，中国企业可选择和多边投资担保机构（MIGA）合作，该机构属于非商业性风险担保机构，可为投资所在国的货币转移风险以及征收风险担保①。中国企业可在对项目所在国进行综合评估后，有针对性地选择与各类保险以及担保机构合作，为参与的能源合作项目投保，确保合作的顺利实施。

3.1.4 中非能源合作模式的特点

在21世纪中非能源合作实践中形成的四种模式之中，国家援助框架下的能源合作与以投资换能源模式以政府主导为主要特征，能源共同体与市场投资模式则以企业先行为主要特征。有学者认为中国主要能源企业在中非能源合作实践中具有突出作用和自主性，国家与企业的利益非严格统一②。这种观点注意到了中非能源合作中部分行为体的作用以及利益诉求之间的差异，但不是很准确。

事实上，可依据三个核心变量：资源国政府能力、中国政府的参与程度以及投资的商业化程度对中非能源合作的四种常规模式做进一步划分——国家援助框架下的能源合作模式、以投资换能源模式、能源共同体模式以及市场投资模式，各模式的实施路径、实施效果、适用范围均不甚相同，在表3-1中对四种能源合作模式的主要特点进行了归纳③。

表3-1 能源合作模式的特点

核心变量	模式类别			
	国家援助框架下的能源合作模式	以投资换能源模式	能源共同体模式	市场投资模式
资源国的掌控能力	弱	较弱	较强	强
中国政府的参与程度	高	较高	较低	低
投资的商业化程度	低	较低	较高	高

在21世纪中非能源合作的不同模式中，非洲资源国的政府能力影响着能源项目的商业化程度。当资源国政府的掌控力较强时，社会成熟化程度相对较高，表现为能源项目的商业化程度较高。对资源国政府而言，只有在其取得本国的合法性统治后，才有足够的实力和精力保障国家的稳定，发展国民经济，有能力制定出符合国家发展需要的能源政策，保障能源合作项目的顺利运行。在21世纪

① 曾华群．国际经济法导论［M］．北京：法律出版社，1997：67.

② 姜璐，肖佳灵．中国对苏丹的石油外交：政企角色研究［J］．阿拉伯世界研究，2011（9）：51.

③ 金正昆，张宇炎．中非能源合作方式分析［J］．广西社会科学，2018（7）：151.

中非的四种合作模式中，国家援助框架下的能源合作项目的商业化程度最低，适用此模式的资源国政府掌控力最弱，例如苏丹；以投资换能源的项目商业化程度较低，资源国政府掌控力较弱，如 2002 年的安哥拉；能源共同体模式项目的商业化程度较高，资源国政府掌控力较强；市场投资模式项目的商业化程度最高，资源国政府掌控力最强。具体关系如图 3–4 所示[①]。

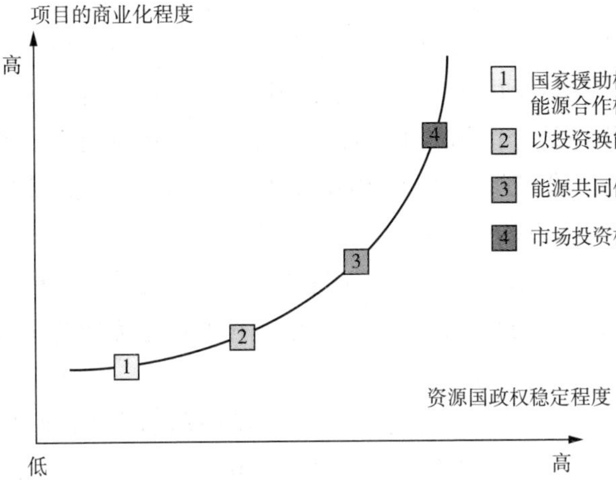

图 3–4 资源国商业化程度与该国政权稳定程度的关系

资源国政权的稳定程度，通常与中国政府参与方式以及程度呈现反向相关关系。当资源国政权控制力不强时，中国政府需要加强介入的程度和方式，通过援助、安保等手段配套辅助。相较而言，由于资源国政府的控制力最弱，中国政府在国家援助框架下的能源合作模式中参与程度最高；以投资换能源模式中，中国政府参与程度较高，资源国政府稳定程度较弱；能源共同体模式中，中国政府参与程度较低，资源国政府稳定程度较强；市场投资模式中，中国政府参与程度最低，资源国政府稳定程度最强。具体关系如图 3–5 所示[①]。

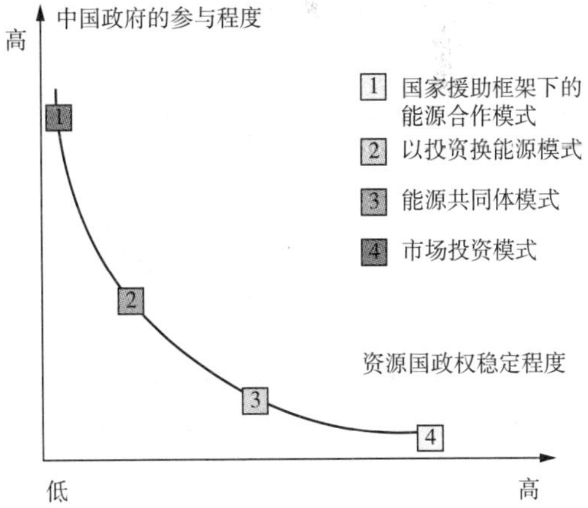

图 3–5 中国政府参与程度与资源国政权稳定程度的关系

① 金正昆，张宇炎 . 中非能源合作方式分析［J］. 广西社会科学，2018（7）：152.

3.1.5 中非能源合作模式的路径及其方法

在可阐释的中非能源合作模式中，能源的取得方式决定能源合作模式形成的路径。国际援助框架下的能源合作模式依靠国家援助取得能源，由于适用此模式的资源国政权稳定性不高、经济基础较差，中国政府通过提供政治、经济以及安保支持才能帮助能源合作项目顺利实施。以投资换能源模式依靠基础设施的大宗投资换取能源，因为参与此模式的资源国多为愿意发展本国经济和工业、拥有一定资源却缺乏发展启动资金的国家。根据此类国家的实际情况，中国政府以协助其进行基础设施建设作为合作的先决条件，资源国以本国拥有的能源质押予以保障。能源共同体模式凭借资本运作获取能源，中国企业与其他国家的能源企业以共同参股的方式共同组建联合作业体，在资源国当地成立联合公司，以资本运作的方式规避金融风险。市场投资模式依靠现金和购买的方式获取能源，通过公开竞标、商业谈判等方式与资源国政府签订合同，按照约定完成能源合作。具体如图 3–6 所示[①]。

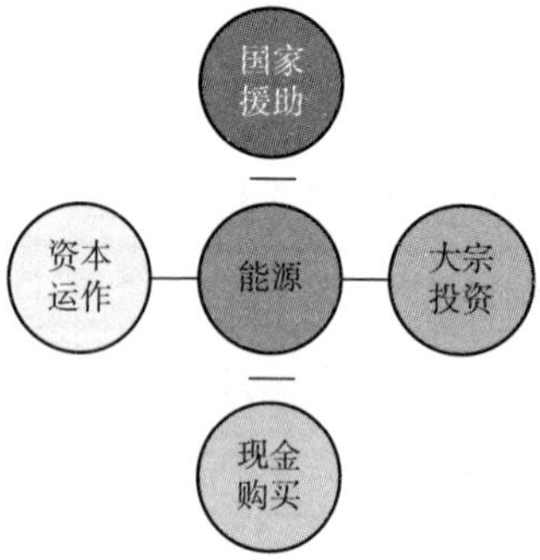

图 3–6 获取能源的四种路径

能源合作模式中阐释的四种具体的能源合作模式，存在不同的适用范围。这决定了中国政府据此选择使用不同能源合作模式。国家援助框架下的能源合作模式和以投资换能源模式适合初期阶段的中非能源合作，这两种模式的特点是政府参与程度较强，有利于中国企业迅速打开某类非洲国家市场，站稳脚跟。国家援助框架下的能源合作模式适合应用于西方国家撤离后的非洲国家，例如苏丹。以投资换能源的模式适合急需资金发展本国经济的非洲国家，例如安哥拉、刚果（金）、刚果（布）等。能源共同体模式可以帮助中国企业分散投资风险，减少西方某些势力的恶意指责，此模式通常会与其他模式相伴出现，适合应用于拥有资源但政治不太稳定的非洲国家，例如尼日利亚、南非、摩洛哥等。市场投资模式在中非能源合作中更贴近商业化运作，政府参与程度低，但大型能源投资项目需根据投资额度报国家不同级别的政府机构审批，适用于那些石油工业已被西方国家跨国资本垄断的某类非洲国家。

四种具体的能源合作模式，各具特色。国家援助框架下的能源合作模式、市

① 金正昆，张宇炎．中非能源合作方式分析［J］．广西社会科学，2018（7）：152.

场投资模式以及以投资换能源模式独立性较强，兼容性较弱。此三种模式通常适用于不同的资源国或者同一资源国的不同发展阶段。能源共同体模式独立性较弱，但兼容性较强，可以同时与其他三种模式一同使用，起到分散金融风险的目的。能源共同体模式通过与其他投资企业以一定比例共同参股的方式在资源国当地成立联合作业体或能源公司，完成项目投资。此模式通常作为配套手段，以降低潜在投资风险。能源共同体模式存在时间最长，适用范围最广。因此，在选择能源合作模式时，需根据不同的情况进行选择，以达到最佳效果。四种中非能源合作模式之间的关系如图 3-7 所示[①]。

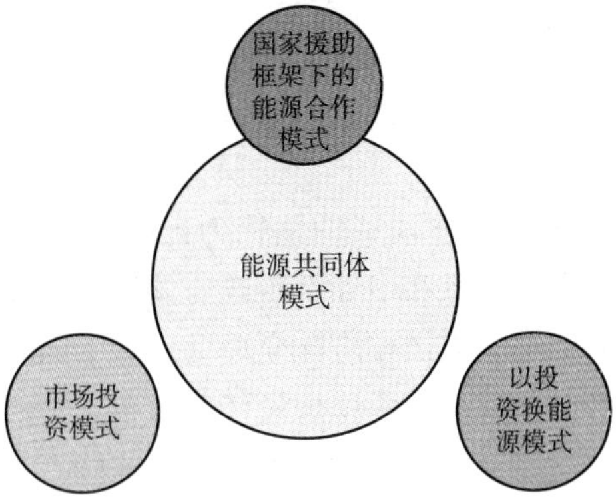

图 3-7　四种中非能源合作模式之间的关系

3.2　中非能源合作的主要模式

在 21 世纪中非能源合作的实践过程中，经过中非双方的共同探索，逐渐形成了四种具体的能源合作模式，根据合作的特点，可将四种模式分别命名为国家援助框架下的能源合作模式、以投资换能源模式、能源共同体模式以及市场投资模式。这四种模式为中国开展同非洲的能源合作发挥了重要作用。这四种模式的内涵是什么？适用范围是哪些非洲国家？形成的主要原因是什么？实施效果如何？本节将就上述问题分别进行叙述。

3.2.1　国家援助框架下的能源合作模式

国家援助框架下的能源合作模式，以一体化建设为主要特点。有学者认为：国家援助框架下的能源合作模式，是中国在与缺乏外来投资的非洲资源国进行合作时，通过提供政治支持以及经济援助，帮助其建立集勘探、开发、炼化等上下

① 金正昆，张宇炎．中非能源合作方式分析［J］．广西社会科学，2018（7）：153.

游一体化的能源工业体系[①]。

两国政府、能源企业、政策性银行以及出口信用保险公司是国家援助框架下的能源合作模式的参与角色。此模式的行为主体是参与国政府，参与角色包括政策性银行、能源企业、保险公司等。在行为主体的指挥、运作下，各参与角色各司其职，执行行为主体的战略目标，参与国政府作为国家类行为主体负责管理此模式的实施过程，并运用政治、经济以及安保手段保证此模式的顺利运行。政策性银行作为主要参与角色之一，负责执行行为主体的能源合作政策，为参与此模式的其他参与角色提供资金保障，监管资金流向，保障资金的合理运用。能源企业作为主要参与角色，是此类模式的主要实施者，承担进入资源国能源市场、帮助资源国建立一体化能源体系和获取经济利润的多重任务。出口信用保险公司是辅助性参与角色，为出口的商品提供保险，协助能源公司分散投资风险。

国家援助框架下的能源合作模式的路径为：政府影响—援助配套—企业执行—政策性银行提供优惠贷款。在中非两国政府领导人达成合作意向、签订合作协议后，中国为合作的资源国提供相应配套援助，为中国企业在非洲开展合作铺平道路。同时，中国进出口银行为承担建设任务的企业发放优惠贷款。中国能源企业为解决国内发展空间不足、生产成本上升和采炼能力过剩的难题，积极践行“走出去”战略，参与国家援助框架下的能源合作活动。具体如图 3-8 所示。

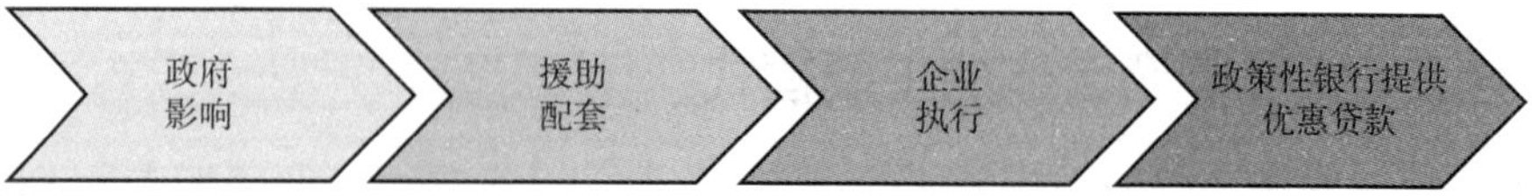

图 3-8 国家援助框架下能源合作模式的路径

现以中国同苏丹开展的石油合作为例说明以上观点。中国同苏丹开展的石油合作是此模式成功运用的典范。苏丹石油资源丰富，2009 年可探明石油储量达到 50 亿桶[②]。其丰富的能源赢得了世界主要能源消费国的青睐，自 20 世纪 60 年代起，某些西方国家就开始寻求同苏丹开展能源合作。然而受苏丹局势动荡的影响，西方国家能源公司在当地的油气开发并不顺利，盈利前景远不如预期。法国能源巨头谢夫隆公司甚至于 1985 年放弃了已经取得的部分油田区块特许权，撤出苏丹。

① James Reilly，Wu Na. China’s Corporate Engagement in Africa［M］. Adonis and Abbey Publishers Ltd，2007：135.

② Judith Van De Looy. Africa and China：A Strategic Partnership?［J］. ASC Working Paper 67/2006，the ‘Afrikadag’ Organized by the Evert Vermeer Stichting at the Haagse Hogeschool in the Hagus，2006（4）：4.

法国能源企业撤出后，长达十余年时间无国际企业接手苏丹石油开发，导致其石油产业发展处于停滞空窗期，毫无作为。这是中国石油企业进入前的真实状况。20 世纪 90 年代末期，苏丹总统巴希尔向时任中国国家主席江泽民表达了愿同中国开展能源合作的意愿。中国对外经贸部随后同苏丹政府进行谈判并签订合作协议，中国 – 苏丹能源合作关系自此建立。为促进中国 – 苏丹能源合作的顺利开展，中国不仅派遣维和部队参与联合国在苏丹的维和行动，还为苏丹提供无偿的经济援助。为帮助苏丹重新启动石油资源开发，中国石油于 1997 年进入苏丹石油市场。政策性银行为中国石油提供具有优惠性质的援助贷款以支持其在苏丹的能源投资。在苏丹 6 区块项目上，中国石油获得中国进出口银行 1 亿元的优惠贷款[①]。

经过多年的努力，国家援助框架下的能源合作模式在苏丹取得了良好的成效。中国从同南北苏丹的能源合作中获得大量原油，优化了能源进口结构，提升了国际竞争力。1997 年，中国石油同苏丹政府签订了共同开发穆格莱德油田区块的合作协议，半年后，中国石油宣布该油田区块的日均产量已达到 15 万~20 万桶 / 日[②]。2004 年，中国已经成为苏丹最大的石油开采国，苏丹出口的石油 60% 被中国购买。中国石油在获得中国进出口银行提供的价值 1.27 亿美元的贷款后，成为大尼罗河石油作业公司最大的股东[③]。即便苏丹国内出现分裂时，中国在南北苏丹的能源利益也没有受到损害。自 2005 年南北苏丹签署《全面和平协议》之后，中国一直与南北苏丹保持着官方往来。政治上，中国同南北苏丹高层领导人分别进行互访；中国与南苏丹在保持正常的经贸合作之外，为南苏丹提供了 6000 多万美元的援助，帮助南苏丹全方位提高教育、医疗、基础设施建设水平[④]。在中国政府全方位、多角度的支持下，中国能源企业成功开拓苏丹能源市场，据 2006 年数据显示，中国石油在苏丹北部的石油产量一直保持稳定[⑤]，成功在南苏丹建立长期能源合作关系，中国石油在南苏丹最大的石油企业中持股达到 40%[⑥]。自 2007 年后，中国石油在苏丹已经逐渐形成了一套集勘探、开采、炼制于一体的成熟开发体系。

---

① 陈沫 . 从苏丹和沙特阿拉伯研究案例透析中国石油企业的国际化经营 [J] . 西亚非洲，2014（5）：124.

② Amy Myers Jaffe，Steven W. Lewis. Beijing's Oil Diplomacy [J] . The International Institute for Strategic Studies，2002，1（44）：127.

③ Michelle Chan–Fishel，Rosanne Lawson. Bankrolling the "Going Out" Strategy：China's Financing of African Aid and Investment，and Implications for Africa's Debt and Development [M] . Adonis and Abbey Publishers Ltd，2007：117.

④ 杨勉 . 南苏丹公投背后的石油因素以及对中国在苏丹石油投资的影响 [J] . 中外能源，2011（5）：29.

⑤ Erica S Downs. The Fact and Fiction of Sino–African Energy Relations [J] . China Security，2007，3（3）：45.

⑥ Ian Taylor. Unpacking China's Resources Diplomacy in Africa [J] . China in Africa，2007，35（10）：1–34.

此外，苏丹也在与中国的合作中获得巨大收益。在两国能源合作开展前，苏丹曾是联合国确定的最不发达国家之一，经过中国与苏丹多年来的精诚合作，苏丹的国民生产总值以每年 8% 的速度递增，人均 GDP 也由 1996 年的 36 美元，提升至 2007 年的 1182 美元①。

南北苏丹现已建立起覆盖勘探开发、石油储运、炼油化工、产品销售一体化的现代石油工业体系，工业化发展水平取得了显著进步②。石油产业成为苏丹国民经济发展的支柱产业之一，为苏丹赢得了大量外汇，为经济发展注入了新的动力，使苏丹的国内生产总值提升近三成③。此外，中国石油在苏丹的能源合作项目中，雇用了大量当地员工，在为他们提供工作岗位的同时，为他们提供技术培训，使苏丹人民掌握多种生产技能，切实改善了苏丹社会的落后面貌和状态，为当地百姓带来福祉。

3.2.2 以投资换能源模式

以投资换能源模式，是指两国政府通过签订双边协议和战略投资协定，依托机制化运作，以石油或其他能源作为资金质押物进行交换，中国企业进入资源国进行基础设施建设，帮助其发展经济；非洲资源国以能源冲抵中国的建设费用。

以投资换能源模式的参与角色包括两国政府、政策性银行、能源企业、建设企业以及保险公司。此模式的行为主体为政策性银行，参与角色包括两国政府、能源企业、建设企业以及保险公司等。政策性银行负责此模式的具体设计、实施，运用资金使以投资换能源模式顺利运转。两国政府作为主要参与角色，负责提供政策建议、审批大型项目、及时解决以投资换能源模式中出现的问题。建设企业作为主要参与角色，在非洲资源国开展基础设施建设，施工完成后，按照协议取得非洲资源国以能源冲抵的建设费用。能源企业作为参与角色，负责执行此模式，获取相应能源份额。保险公司作为辅助性参与角色，承担分散建设企业、能源企业投资风险的任务。

以投资换能源模式通常遵循政府支持—企业执行—政策性银行提供资金—资源国政府以能源担保的路径。此模式通过南南发展基金、产能发展基金等管理中非贷款资金，分散企业投资风险④。为减少企业在非洲的投资风险，避免出现不

① 陈松川．中国对外援助政策取向研究（1950—2010）［M］．北京：清华大学出版社，2017：189.

② 张安平，李文，于秋波．中国与苏丹石油合作模式的实证分析［J］．西亚非洲，2011（3）：3.

③ 陈松川．中国对外援助政策取向研究（1950—2010）［M］．北京：清华大学出版社，2017：189.

④ Michelle Chan-Fishel，Rosanne Lawson. Bankrolling the "Going Out" Strategy：China's Financing of African Aid and Investment，and Implications for Africa's Debt and Development［M］. Adonis and Abbey Publishers Ltd，2007：113.

必要的损失，出口信用保险公司为建设企业的设备进行再保险。具体如图 3–9 所示。

以投资换能源模式成功的根本原因是符合双方共同的利益需要，良好的国家间关系为此模式的顺利运行提供了政治保障[①]。在实际运行过程中，两国政府、政策性银行会根据实际情况完善合作细节，通过建立、健全相关机制，监督、维护此模式的顺利运行，促进两国能源合作的深入发展。

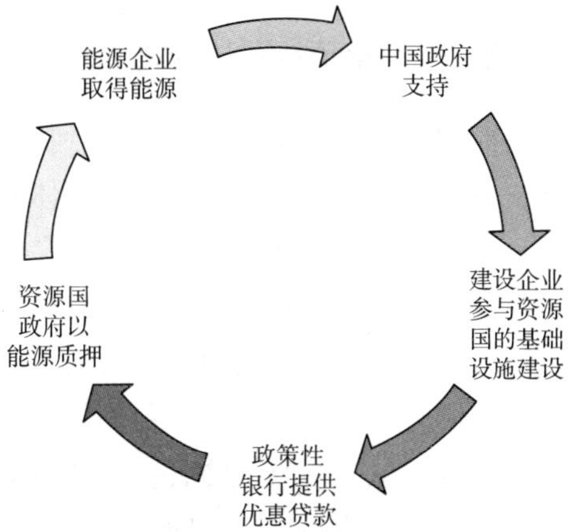

图 3–9　以投资换能源模式的路径

以投资换能源模式中的典型案例为中国 – 安哥拉的能源合作。2002 年，安哥拉结束内战，安哥拉多斯桑托斯政府将战后重建列为国家生存发展的第一要务，为此，安哥拉与西方国家、中国等进行了外交接触，希望这些国家给予援助支持。然而，西方国家提出了较为严苛的附加条件，不愿意参与安哥拉本国工业体系的建设工作，更不会帮助安哥拉提高本国技术实力。而中国在同安哥拉的外交接触中表现出的合作诚意更足，不仅能提供较为优惠的资金支持，还鼓励本国企业进入安哥拉承担建设任务，并按安哥拉的要求雇用一定比例的安哥拉籍员工，帮助安哥拉提升本国人员素质和生产能力。和西方国家相比，中国政府的合作方案赢得了安哥拉政府的青睐，以投资换能源模式在安哥拉得以提出和实现，两国自此开展大规模的能源合作。

2003—2008 年是中国 – 安哥拉能源合作的第一阶段，安哥拉政府为迅速获得战后重建所需的资金，为中国能源企业提供了相对优惠的政策支持。2008 年后，中国 – 安哥拉合作进入第二阶段。安哥拉国内基础设施重建基本完成，加之国际油价逐年攀升，能源禀赋充足的非洲国家在能源合作谈判中的话语权不断提高[②]。安哥拉政府执行以投资换能源模式的意愿不够强烈，给予中国石化的油田区块、税率以及管理费的优惠大幅降低，直接导致中国石化在安哥拉的投资回报率直线下跌[③]。中国 – 安哥拉能源合作模式基础出现了一定的变化，面临调整要求。

① 参见附录一：对原中华人民共和国驻南非共和国特命全权大使林松添的访谈，问题 4。

② Erica S Downs. The Fact and Fiction of Sino–African Energy Relations［J］. China Security，2007，3（3）：52.

③ 金正昆，张宇炎 . 中非能源合作方式分析［J］. 广西社会科学，2018（7）：153.

3.2.3 能源共同体模式

能源共同体模式，是指在得到资源国政府许可后，各国能源公司为提高效益，分散投资风险，组成联合作业体共同投资，或以参股合作的形式成立合资公司，共同参与非洲国家的能源开发。

能源共同体模式的参与角色包括两国政府、能源公司、保险公司以及政策性银行。非洲资源国是此模式的行为主体，通过制定合理的招商引资政策，引导外国投资流向本国开发能力不足的领域，使能源共同体模式运转起来。各国能源公司为获得资源国的政策便利，分散投资风险，会寻找合作伙伴，以成立合资公司或联合作业体的形式，共同开发非洲能源。保险公司作为辅助性参与角色，协助能源企业分散中非能源合作过程中可能产生的金融风险。

能源共同体模式的路径为：政府批准—公开竞标——组建联合能源公司—共同实施。在双方达成合作意向后，各国能源公司通过公开竞标开展竞争，中标的企业组成联合作业体或联合能源公司，共同开发资源国的能源。具体如图 3–10 所示。

图 3–10　能源共同体模式的路径

尼日利亚作为非洲的能源大国，西方能源公司早已进入其主要油田区块开发，中国能源企业进入非洲较晚，很难占据尼日利亚的能源市场份额。但是通过使用市场投资模式，2004 年，中国石油与尼日利亚国家石油公司签署了一项为期五年的尼日利亚每天向中国供应 30000 桶石油的协议[①]，中国石油得以顺利进入尼日利亚的能源市场。

中国同苏丹的能源合作则是将能源共同体模式与国家援助框架下的能源合作模式共同运用，这可帮助中国企业迅速打开资源国市场，规避投资风险，持续获得海外原油供给。1995 年，经中国对外经贸部批准，中国石油与外国石油公司以联合投资的方式进行投标。1996 年 11 月，苏丹政府同意由中国石油控股 40%，牵头组建国际石油投资集团，联合开发 1/2/4 区石油资源[②]。此后，为满足苏丹国民经济发展对原油、成品油的需求，提高原油产能和成品油加工能力，中国石油相继

① Dulue Mbachu. Nigerian Resources：Changing the Playing Field［J］. South African Journal of International Affairs，2006：13.

② 杨勉 . 南苏丹公投背后的石油因素以及对中国在苏丹石油投资的影响［J］. 中外能源，2011（5）：28.

于 2000 年和 2005 年通过苏丹能矿部公开招标，中标苏丹 3/7 区和 15 区油田开发项目，并在 2002 年、2003 年和 2004 年分别启动了喀土穆化工厂塑料加工项目 [①]。

3.2.4 市场投资模式

市场投资模式，是指能源企业在获得本国政府批准后，进入资源国进行商业投资，获取能源，赚取商业利益的运作方式。此模式在 2010 年之后的中非能源合作中被广泛应用。市场投资模式中的能源合作呈现出市场化特征明显、规范性强等特点。

市场投资模式的参与角色包括参与国能源企业、参与国政府、保险公司以及商业性银行。此模式的行为主体是两国的能源企业，参与角色包括参与国政府以及保险公司等。虽然参与市场投资模式的行为主体是参与国的能源公司，但此模式有别于纯粹的商业行为。政府作为参与角色之一，在此模式中仍起到重要作用，大型项目需要参与国政府最终同意后方可实施。据中国石化某公司项目经理介绍，中国石化在参与非洲能源项目之前，需先撰写可行性研究报告，按项目标的大小，提交不同层级的国家政府机构审议。国家允许企业在不违反国家总体外交战略的前提下，追求自身商业利益。保险公司作为辅助性参与角色，协助行为主体分散投资风险。与以投资换能源模式不同之处在于，市场投资模式不再将能源投资与基础设施建设绑定，更符合国际能源合作商业化的运作方式。

市场投资模式的路径为：政府意向达成—主导企业竞标—资源国政府批准—企业商业合作达成。和其他三种模式相比，市场投资模式中的企业自主权最大，一旦中非两国政府批准了企业的投资申请，企业可以以相对独立的形式开展商业化运作。如图 3–11 所示。

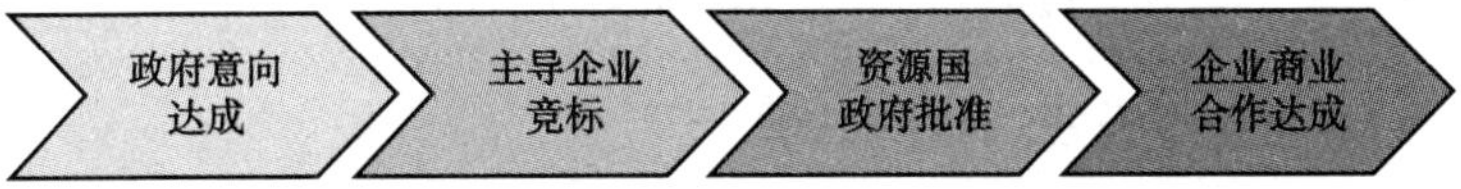

图 3–11 市场投资模式的路径

在既有国际油气能源合作模式中，可根据生产石油产品的所有权归属分成两类：租让制和合同制。在租让制中，石油产品归投资者所有，投资者根据资源国政府的租让合同，一定时间内在某一特定地区（许可区块）勘探生产石油产品 [②]。租让制合同，又称为矿税制或许可证合同制，主要特征为承担风险并拥有

① 张安平，李文，于秋波．中国与苏丹石油合作模式的实证分析［J］．西亚非洲，2011（3）：4.

② 韩凤君，肖华娟．石油产品分成合同类型简析［J］．中国石油大学学报，2011（3）：22.

全部油气的所有权。矿产资源所有者（多为所在国政府）授予投资者矿产资源的勘探、开发等采矿权，资源国根据相关法律以及政策，允许投资者获得油气的所有权。作为回报，投资者需要向矿产资源所有者（所在国政府）支付矿区使用费、缴纳所得税。

合同制合同可细分为产品分成合同和风险服务合同。产品分成合同的主要特征是：承担一定风险并获取一定份额的油气产量。在此合同类型中，资源国政府掌握本国油气资源的所有权和专营权，外国能源公司负责勘探开发，并在勘探开发过程中承担相应成本。对外国能源公司的投资行为，资源国政府可为能源公司提供石油作业设备和基础设施，并对能源公司的行为进行指导监督。对于开采出的油气产量，由资源国政府与投资公司协商，按一定比例分成，获取收益。

风险服务合同的特征为：承担风险、获得报酬，但石油公司没有油气产品的所有权和分成权。资源国政府拥有石油资源的所有权和专营权，投资者提供全部资本，承担全部勘探和开发风险。资源国政府有权对能源公司的行为进行指导和监督。

总之，以上三种中非油气合作合同各具特点，如果根据能源公司对资源的控制权、对油气田的管理权、对油气产品利润分成的管理权进行划分，矿税制合同效力最强，产品分成合同效力一般，风险服务合同效力最弱。目前，在中国同非洲国家的能源合作中，采用产品分成合同为能源合作的方式较为普遍。

3.3 能源合作模式的比较分析

如上所述，21 世纪的四种中非能源合作的模式各具特点，也符合中国同不同非洲国家、不同时期能源贸易的需要，完成能源合作的战略目标。四种能源合作模式的相同点与不同点是什么？起到了怎样的实施效果？中非能源合作模式能否在其他地区推广？本节将对以上问题展开分析与论述。

3.3.1 能源合作模式的异同分析

在四种中非能源合作模式中，参与国政府都起到牵头、主导、最终决策的关键作用。无论是国家援助框架下的能源合作模式、以投资换能源模式、能源共同体模式还是市场投资模式，参与对象虽然不同，具体合作流程也不同，但唯一不变的是两国政府——特别是中国政府——在能源合作战略的实施过程中均起到关键性作用。对资源丰富的非洲国家，中国对外能源合作的目标是希望它们提供可靠、稳定的石油生产基础，扩大中国能源公司在这些国家的投资，提升中国国际竞争力。为此，中国政府经常利用高层官员访问之机，开展能源合作方面的会谈，以开发援助、减免债务、免息贷款以及为基础设施建设融资等方式来配合、执行中国对外能源合作的战略精神①。无论哪种能源合作的模式，企业的能源投资行为均需政府进行把控，这表明政府在能源合作中起到不可替代的关键性作用。

四种能源合作模式的不同点，主要为中国政府参与方式与程度不同、商业化程度不同、资源国政府的掌控力不同。国家援助框架下的能源合作模式的中国政府参与程度最高，商业化程度最低，资源国政府掌控力最低。以投资换能源模式的中国政府参与程度较高，商业化程度较低，资源国政府掌控力较低。能源共同体模式的中国政府参与程度较低，商业化程度较高，资源国政府掌控力较高。市场投资模式的中国政府参与程度最低，商业化程度最高，资源国政府掌控力最高。

不同的能源合作模式适合不同非洲国家在不同时期的发展需要。政府参与程度高的能源合作模式适合社会不稳定的非洲国家，商业化程度高的能源合作模式则适合社会较为稳定、市场投资环境较为成熟的非洲国家。

20 世纪 90 年代末期的苏丹社会动荡不安、恐怖活动猖獗，西方国家由于畏惧苏丹动荡的社会形势，纷纷放弃在苏丹的石油投资，这种情况下，中国能源企业在苏丹的能源投资需要政府提供有力的政治、安全、经济保障，方能克服各种困难，建立起一体化的石油工业体系。2002 年的安哥拉刚结束近 30 年的内战，国民经济百废待兴、基础设施破坏殆尽。在急需发展又缺乏资金的情况下，以投资换能源的模式适应了中国和安哥拉的发展需要，成功为两国的发展增添新动力。而十年后，当安哥拉在基础设施建设接近饱和时，如何建立本国的石油工业、独立发展本国经济成为资源国政府考虑的首要目标。因此，市场投资模式更符合中国和安哥拉的利益需求，成为新的能源合作形式。四种不同的能源合作模式是根据中国和资源国不同的特点设计而成，虽然各具特点，但均能完成既定的能源合作目标。

3.3.2 中非能源合作模式的效果

总体而言，21 世纪的中非四种能源合作模式均符合合作双方的利益需要，有效执行了中国的外交战略，实现了国家利益。四种能源合作模式的效果如下：

第一，国家援助框架下的能源合作模式实施效果比较显著。此模式的显著特征是将国家援助、基础设施建设、能源合作进行了紧密结合，执行力强、见效快、收益高。通过两国政府的深度参与，中国企业获得了一系列国家政策支持，在短时间内打开了非洲能源市场。尽管和西方主要能源公司相比，中国能源企业

① 孔博 . 解读中国国际石油政策——从国外看中国的石油“走出去”战略［M］. 北京：石油工业出版社，2012：118.

进入国际市场较晚，竞争力不强，市场占有率不高，但是上述模式可以在一定程度上弥补中国企业过去的短板。促进中国企业在非洲资源国进行长期投资，帮助资源国政府建立一体化能源工业体系。

然而，伴随着此模式的深入推进，中国也受到一定指责。受资源国政府能力不足的制约，在实施国家援助框架下的能源合作模式时，中国政府介入程度较深。为保障两国能源合作的顺利施行，中国通常会综合运用政治、经济、安保等措施为两国能源合作保驾护航。此种行为方式受到西方部分媒体的攻击抹黑，它们认为中国的企业是依靠中国政府对苏丹提供的其他支持获得了项目合同，质疑招标的透明度。此外，随着中非能源合作的大规模推进，其他大国的能源战略利益会受到挤压，西方能源公司也指责中国企业是通过国家政府的深度参与才获取能源项目，甚至指责中国企业依托能源建设项目，进行意识形态输出，干涉资源国的主权和内政。当然这些都是西方的无稽之谈和凭空污蔑。

第二，以投资换能源模式在非洲应用广泛，影响力较大。此模式将大宗能源商品与大宗基础设施投资进行置换，鲜明地体现了互利共赢的合作精神。此模式不仅帮助中国进入非洲资源国的能源市场，由于效果显著、收益较大，还形成了示范效应。在中国－安哥拉能源合作中采用此模式之后，几内亚、刚果（金）、刚果（布）等多个国家纷纷表示愿意与中国运用此模式开展合作。

以投资换能源模式存在的弊端是难以保证合作模式的实施效果。该模式在实际运行时，需要通过政策性银行、中非发展基金等机构管理中非金融贷款。上述金融机构会依据国家的能源合作政策制定相应的对非投资贷款政策。某些金融机构制定的政策不够灵活、包容，无法满足企业的多方面投资需求，无法有效激发企业的积极性。容易使以投资换能源模式流于形式，难以发挥出应有的作用。

第三，能源共同体模式对中国减少贸易摩擦、分散投资风险，弥补技术短板效果显著。能源共同体可以将竞争对手变为合作伙伴，以共同出资组建联合体或合资公司的形式，与其他国家的能源公司开展合作。此外，在组建能源共同体的过程中，中国可加强与其他公司的技术交流，弥补技术短板。例如，尼日利亚等非洲国家缺乏开采深海油气田的技术实力，中国企业的实力也不足以独立完成项目开发，而通过与西方技术伙伴开展合作，可以更好地开发尼日利亚的深海油气资源[①]。

然而，能源共同体模式也存在效率低下、管理混乱的弊端。在项目施工进程中，一旦联合投资公司存在决策分歧，将会花费更多的时间协商以形成共识。在此过程中，项目的建设速度、企业的投资回报率均会受到不利影响。此外，中西

① Lucy Corkin. China and Angola : Strategic Partnership or Marriage of Convenience?［J］. Angola Brief, 2011（1）: 1.

方文化之间存在一定的差异，不同的管理理念，多头领导易出现的指挥混乱等问题也同样影响着能源共同体模式的长远发展。

市场投资模式有助于减少其他国家对中国的非议，未来的发展空间较为广阔。由于西方国家进入非洲历史较早，西方能源公司早已在非洲的主要能源大国占据大量市场份额。中国进入非洲时间较晚，中国企业想要进入该国的能源市场难度较大，市场发展空间有限。通过借助市场投资模式，选择国际通行的产品分成合同，中国能源企业在短期内迅速在尼日利亚、阿尔及利亚以及安哥拉等国成功开展了能源合作，中国企业得以进入上述资源国的能源市场，并占据一定市场份额①。此外，中国政府通过高层互访与非洲国家建立了良好的政治关系，不仅降低了项目中标难度，减少了购买原油的成本，还分散了企业在非洲资源国建立上下游炼化一体化项目的投资风险。

资源国政权变更是制约市场投资模式发展的隐患之一。一旦资源国政权出现非正常性更迭，新任政府极可能否定前任政府签订的能源合作协议，出现“新官不理旧账”的现象。另外，非洲部分国家的执法标准连贯性较差，合理性存疑，容易使中国企业蒙受经济损失。受国家政权更迭、政局动荡频繁的影响，非洲国家的法律法规经常发生变化，变化后的法律会提高部分资源的税收比例，并追溯之前生效的合同，提高了中国企业的经营成本。

例如，为保护本国企业的利益，津巴布韦于 2011 年强令外资公司将 51% 的股份转让给当地企业，不执行该法律的外国企业（包括中国企业）一律被吊销了营业执照，取消了在津巴布韦的经营权，给中国企业造成了很大损失。一年后，津巴布韦又再次颁布法令，大幅提高了矿产资源的收费标准，矿业权的申请、注册、地租等价格均大幅提高③。无独有偶，南非于 2014 年通过的《矿产和石油资源开发法修正案》规定，政府可无偿获得矿产勘探和生产权益的 20%，此举使在南非参与矿产开发的中国企业遭受了巨大损失③。

3.3.3 中非能源合作模式的推广与启示

21 世纪初期，中非双方根据国情率先进行顶层设计，在对既有的合作制度

① 作者注：根据生产石油产品的所有权归属可以将目前世界石油合作分成两类：租让制和合同制。合同制合同可细分为产品分成合同和风险服务合同。产品分成合同的特征为承担风险并获取一定份额油气产量的权利。在产品分成合同中，资源国政府拥有石油资源的所有权与专营权，投资者承担勘探投资和风险，商业发现后承担开发和生产费用，资源国政府拥有管理监督权，油气产量由投资者与资源国政府分成，石油作业的设备和设施归资源国政府所有。目前，在中国同非洲国家的能源合作中，采用产品分成合同的能源合作较为普遍。

② 刘鸿武主编 . 非洲研究［M］. 北京：中国社会科学出版社，2016：85.

③ 宋国明 . 非洲矿业投资环境概览［J］. 国土资源情报，2014（12）：18–19.

进行创新后，优化形成了四种能源合作模式，中国企业在找寻到合适的投资时机后，迅速进入非洲国家践行上述合作模式，并得以在相对宽松的竞争环境中获取市场份额。上述动态过程对中国和世界其他地区的能源合作具有借鉴意义。

因此，当中国发展与其他地区的能源合作时，不断将中非能源合作模式加以完善和推广，起到了对世界其他地区开展能源合作时的典范推广作用。四种中非能源合作模式被运用到非洲之外更多的地区，帮助中国与更多的能源生产国建立起能源合作关系。目前，中国与俄罗斯、委内瑞拉、沙特、安哥拉以及“一带一路”沿线国家不断拓宽能源业务合作领域，密切交往联系。

在发展中国－俄罗斯、中国－沙特能源合作路径的选择上，中国也遵循了相似的合作路径，即首脑外交先行—政府谈判跟上—具体实施落实。2016 年 1 月 19—20 日，中国国家主席习近平在访问沙特期间，两国达成共识，愿扩大原油贸易规模并推动在新能源领域的合作。随后，中国政府与沙特政府就延布炼厂项目开展具体的合作谈判，目前，中国石化已进入沙特延布，实施既定协议。

在选择能源合作模式时，中国－俄罗斯、中国－沙特在合作中均选择以投资换能源的合作模式，中国能源企业进入资源国进行投资，建设大型炼厂等设备，以获得相应的能源产出。在中国－委内瑞拉的能源合作实施过程中，同时将以投资换能源模式与能源共同体模式共同运用，使两国的能源合作更加符合双方的利益，呈现出市场化与国际化较强的特点。在推广中非能源合作时，应继续秉持相互尊重、互利共赢的合作理念，在合作中保持畅通的沟通渠道，使中国和其他国家的能源合作始终在良性轨道上发展。

第 4 章　案例分析

2002 年以后，结束内战的安哥拉开始大力发展国民经济。安哥拉政府在分析本国国情后，认为利用自身拥有的能源换取发展的启动资金是发展的必经之路。恰逢此时，中国能源对外依存度逐年攀升，降低对中东地区的能源进口依赖，实现能源进口多元化刻不容缓。中国与安哥拉可以形成优势互补关系，这是两国的能源合作基础。中国 – 安哥拉能源合作的开始是基于双方同时拥有紧迫的合作需求[①]。自 2003 年后，中国 – 安哥拉开展的能源合作取得了深远的国际影响，成为中非能源合作中的典型案例。

通过梳理、分析中国 – 安哥拉合作的共性特点，认为以投资换能源模式可以在中国与其他非洲国家的能源合作中推广应用。对于那些与安哥拉境况相似，能源禀赋充足，但缺乏发展启动资金的非洲国家，中国 – 安哥拉的能源合作路径值得借鉴与推广。因此，本章将以此展开案例分析，详细介绍中国 – 安哥拉能源合作的流程以及参与角色，分析中国 – 安哥拉能源合作的显著特点和形成原因，并据此梳理出中国 – 安哥拉能源合作模式的优势及劣势。

4.1　中国与安哥拉的关系

安哥拉共和国位于非洲西南部，地处南大西洋和印度洋航运的要冲，东临赞比亚，西濒大西洋，南与纳米比亚接壤，北和刚果（布）为邻，海岸线长达 1650 公里[②]。安哥拉地缘战略位置十分重要，曾是“二战”后葡萄牙最大的殖民地。在反抗葡萄牙殖民统治的过程中，安哥拉内部逐渐形成三股革命力量，并且分别得到美国、苏联、中国、南非等国家的支持。“安哥拉民族解放阵线”（以下简称为安解阵）、“安哥拉人民解放运动”（以下简称为安人运）以及“安哥拉彻底独立全国联盟”（以下简称为安盟）是安哥拉国内的三大主要政治力量。在“冷

---

① Lucy Corkin. Uncovering African Agency : Angola’s Magement of China’s Credit Lines［M］. Ashgate Publishing Limited，2013 : 62.

② 安哥拉驻华使馆编 . 安哥拉投资指南［R］. 1995，转引自刘海方编 . 安哥拉［M］. 北京：社会科学文献出版社，2006 : 1.

战”格局的背景下，由于安哥拉各派武装力量背后均有美苏两个超级大国的支持，安哥拉的内战具有国际化的特点，成为美苏在非洲战场争霸的舞台之一。虽然安哥拉曾在1975年11月11日宣布独立，但并没有给安哥拉人民带来真正意义上的和平。安人运在罗安达成立政府，而安解阵与安盟组成联合政府。此后，三派武装力量继续进行旷日持久的斗争，直至2002年，安盟主席萨文比被击毙，安盟与安解阵被安人运彻底消灭，安人运最终获得安哥拉内战的胜利。安哥拉实现全国统一，由此才获得和平，走上国家重建之路，政治、经济以及社会发展逐渐走上正轨。纵观安哥拉的国家发展历程可以发现，安哥拉的政权较为脆弱，政治和经济精英通常选择依靠外部势力获取支持，以获得国内政权的合法性[①]。

中国与安哥拉的关系最早始于20世纪60年代，可具体划分为以下三个阶段，分别予以详述。

4.1.1 中国同安哥拉民族解放运动的关系（1960—1982年）

中国和独立前的安哥拉的关系，具有反帝反修、反对美苏两个超级大国的鲜明特点，并且在安哥拉的民族解放运动中发挥着独特的作用。这与“冷战”的大背景以及中国所处的国际环境密不可分。我国第一代领导集体对非洲的民族解放运动一直是同情和支持的。自20世纪60年代起，中苏关系破裂，中国为争取安全的国际环境，积极寻求同更多国家建立良好关系。自20世纪60年代末，中国积极在非洲进行外交开拓，全面支持非洲的民族解放运动，与美苏争夺在非洲的战略影响[②]。为保证本国在非洲的战略利益，美国在安哥拉同苏联形成对抗之势，为避免安哥拉被受苏联支持的安人运掌握，美国曾寻求中国的支持，在非洲推行“联华援安”战略。面对美国的战略邀请，中国领导人在对安哥拉局势进行认真分析后认为，在安哥拉几派政治力量实力对比尚未明朗的情况下，不宜关闭和安哥拉任何政治力量接触的大门。

因此，在这一阶段中国－安哥拉的关系中，中国保持着与安哥拉三大主要派别的政治接触，并给予必要的军事以及经济援助，与安哥拉各力量派别均保持良好关系。中国曾通过官方对安哥拉的民族解放运动予以声援，对葡萄牙殖民者予以谴责，并邀请安哥拉民族解放团体来华访问。

值得注意的是，虽然中国同安人运、安盟以及安解阵均保持联系，但由于

① Lucy Corkin. Uncovering African Agency：Angola’s Magement of China’s Credit Lines［M］. Ashgate Publishing Limited，2013：123.

② 忻怿．安哥拉内战与美中关系——基于美国“联华援安”战略始末的考察［J］．四川师范大学学报（社会科学版），2007（1）：167.

这一时期苏联支持安人运，中国同安人运的接触并不如同安盟及安解阵密切。早在 1964 年，安解阵便向中国求援；1971 年，安解阵领导人罗伯特访华，北京予以小规模援助；1973 年底，罗伯特再次访华，中方同意派遣军事顾问，为其精训 500 名游击战人才，并援助供 1.5 万人使用的武器装备[①]。总之，这一时期，由于中国、安哥拉两国都曾是殖民地或半殖民地国家，都面临着反对殖民主义、反对帝国主义，实现国家统一以及民族复兴的共同任务，具备天然亲近感，并顺利开展接触，为日后两国关系的飞速发展奠定了良好的基础。这一时期的中国对安哥拉的外交政策虽然受到意识形态的影响，但仍主要从国家利益和中国国情出发，与安哥拉三大主要政治派别均保持一定程度的外交联系。中国并没有因为和苏联关系恶化而切断与受苏联支持的安人运的联系。这反映我国第一代领导集体从国家战略的高度发展中国 – 安哥拉关系，为 21 世纪之后中国 – 安哥拉关系的迅猛发展奠定了良好的基础。

4.1.2 中国同安哥拉关系的深化（1983—2002 年）

1974 年，葡萄牙发生军事政变，政府无暇对安哥拉进行殖民管理，葡萄牙当局希望尽快将安哥拉权力移交给一个统一的政府。1975 年 1 月 31 日，安人运、安盟和安解阵暂时达成和解协议，组成临时政府。然而，由于三派政治力量难以协调的矛盾和利益冲突，安哥拉国内的政治斗争并没有结束[②]，安哥拉虽然于 1975 年 11 月 11 日正式独立，国内却成立了两个自称中央政府的安人运政府和安盟政府。安哥拉国内这两大政治力量由于分别获得美国、苏联的支持，自此以后，斗争不断，使安哥拉内战呈现国际化特点，逐渐发展为美苏两个超级大国的角逐地，成为“冷战”时期的热战战场之一。

在此种背景下，中国却与安哥拉各派进行全方位合作。在发展中国 – 安哥拉关系时，更多地审时度势考虑国家利益，在安哥拉三派政治力量角逐中避免押宝下注，而是同各派均保持联系。在 20 世纪 70 年代，中国认为此时的国际局势处于苏攻美守的情况，确立了反对苏联霸权主义的新战略。然而，在发展中国 – 安哥拉关系时，在安哥拉国内各政治力量对比不明的情况下，中国同时与安人运和安盟保持一定程度的接洽，既未断绝与安人运政府的联系，也未特别偏袒安盟与安解阵政府。事实证明，中国政府采取的策略十分成功，有效避免了单面下注可

① Foreign Assistance in the Angola Civil War：Chronology of Reported Events，1957–1976. December Date：June 8，1976［G］// Agency：Foreign Affairs and National Defense Division（CRS）. Agency Publication Number：76–87. FA Length：36.

② 刘海方编 . 安哥拉［M］. 北京：社会科学文献出版社，2006：103.

能带来的风险。在安哥拉内战中，安解阵逐渐败下阵来，安人运开始占据上风，政权逐渐稳固。中国政府据此调整对安哥拉的外交策略，由秘密军事援助转而通过外交手段解决问题，呼吁安哥拉再次组建联合政府。这反映出中国领导人不干涉别国内政，从本国实际利益出发，发展同安哥拉的外交关系。

改革开放以后，中国的工作重心转移到经济建设上，中国的对外政策和外交路线也随之发生重大改变。中国反对任何形式的霸权主义，中国对苏联政策也发生变化，1982 年勃列日涅夫发表“塔什干讲话”表示愿意同中国改善关系后，中苏关系开始改善。中国对安人运政府的态度也更加积极。中华人民共和国和安人运政府自 1980 年起建立官方联系，于 1983 年 1 月 1 日正式承认安人运政权，建立大使级外交关系[①]。

在中国正式同安人运政府建立外交关系后，中国 - 安哥拉关系一直稳步发展，中国也逐渐停止对安哥拉各派武装的军事援助，倡导执行和平外交政策，呼吁安哥拉各武装派别组建联合政府，实现国内和平。这体现了中国 - 安哥拉关系逐渐摆脱“冷战”束缚，开始构建正常的国家间关系。1992 年，安哥拉如期进行大选，经过民主投票，安人运获得国民大会中议会的多数席位，取得了大选的胜利，组建合法政府。然而，安盟对此结果不满意，不仅退出联合政府，还再次挑起安哥拉内战。战事一度遍及全国，被安盟重新动员起来的军队在全国各个省份发起战斗，占领了许许多多的乡村和城镇地区。据联合国统计，这个阶段，安哥拉每天死亡的人数在 1000 人左右，很多人死于疾病和饥饿[②]。安盟蓄意撕毁和平协议，挑起内战的行为使其逐渐失去了国际社会的支持。联合国于 1993 年 9 月 15 日对安盟实行武器和石油禁运，其经济支柱金刚石生产经营活动也被列入制裁名单，使其无力再与安人运政府军进行全面对抗，逐渐处于下风。

综上，20 世纪 90 年代，虽然国际社会出现苏联解体、东欧剧变等影响，国际关系变化巨大，但中国 - 安哥拉关系继续稳定发展。政治上，安哥拉支持一个中国主张，双方高层互访频繁。1995 年 8 月 4 日，中国国务院总理朱镕基访问安哥拉[③]。1998 年，安哥拉总统多斯桑托斯访华，标志着中国和安哥拉关系达到一个全新高度[④]。

---

① Lucy Corkin. Chinese Construction Companies in Angola : a Local Linkages Perspective [J]. Resources Policy, 2012 : 475–483.

② 刘海方编 . 安哥拉 [M]. 北京：社会科学文献出版社，2006 : 117.

③ 数据来源：人民日报，1995 年 8 月 4 日，第 1 版。

④ 数据来源：人民日报，1998 年 10 月 13 日，第 1 版。

4.1.3 21 世纪初以来中国－安哥拉关系的新发展（2003 年至今）

2002 年 2 月 22 日，安盟政府的领导人萨文比被击毙后，安盟武装力量随即溃不成军，安人运政府取得了安哥拉内战的最终胜利。在安哥拉持续 30 年的内战后，安哥拉人民终于看到和平的曙光，安哥拉也由此迎来发展的新机遇。取得内战胜利的安人运政府，随即通过相关法律法规，并按期举行大选，建立合法政府[①]。统一全国的安人运政府采取了一系列积极举措促进本国发展。在经济层面，安哥拉积极寻求国际社会的支持和援助，在进行战后重建的同时发展本国的支柱产业。对外关系层面，为吸取 30 年内战的教训，安哥拉积极寻求同各国发展友好外交关系，奉行和平共处的外交政策，发展多元化的外交关系，尽量避免同某一大国强化关系。

自此以后，中国和安哥拉的外交关系进入全面发展阶段，中国、安哥拉两国在政治、经济、社会以及教育等领域均开展了广泛合作[②]。政治上，两国互相支持，增强互信；经济上，两国在基础设施建设、石油进出口、加工以及炼化等领域开展了富有成效的经贸合作，硕果累累。2005 年，安哥拉一跃成为中国第二大石油进口国，当年中国从安哥拉进口的石油量在全部石油进口来源地中排名第二，对中国稳定能源战略供给具有重要意义[③]。在社会、文化以及教育领域，两国交流频繁，文化互访不断，对两国人民加强互相了解起到了积极的作用。

4.2 21 世纪以来中国对安哥拉能源合作模式的内容与特点

历史上，安哥拉的石油等化石能源长期被西方石油公司垄断。中国为打开市场缺口，获得稳定的石油供应，选择与 BP 和 TOTAL 等国际一流公司合作，成功进入安哥拉深海油气领域，成为安哥拉最大的油气投资者和区块持有者之一。目前，中国石化在安哥拉海上共拥有 5 个深水和超深水勘探开发区块，累计完成权益投资 150 亿美元[④]。

中国－安哥拉能源合作模式指在 21 世纪初期，安哥拉结束内战后同中国政府签订的以投资换能源的合作模式。关于中国－安哥拉能源合作时间有两个说法，一个是 2002 年，还有一个是 2004 年。2002 年，中国在安哥拉没有抵押品和偿还能力的情况下，约定用未来开采的石油进行偿付，以此启动安哥拉战后重

① 刘海方编 . 安哥拉［M］. 北京：社会科学文献出版社，2006：151.

② Lucy Corkin. Chinese construction companies in Angola：a local linkages perspective［J］. Resources Policy，2012：475-483.

③ Lucy Corkin. Chinese construction companies in Angola：a local linkages perspective［J］. Resources Policy，2012：165.

④ 张宏明主编 . 非洲发展报告（2015—2016）［M］. 北京：社会科学文献出版社，2016：42.

建，此模式被称为中国援助非洲的“中国－安哥拉能源合作”①。还有一个是以2004年中国－安哥拉签署的石油贷款框架协议为两国合作的起始时间②。鉴于两国的能源合作规模较大，取得了显著成效，具有典型意义。作者认为从中国－安哥拉能源合作模式形成分析，应以2004年中国－安哥拉签署的石油贷款框架协议为两国合作的起始时间②。2002年可视为中国－安哥拉能源合作开始的时间。

根据两国的能源合作实践梳理，中国和安哥拉能源合作的主要特点为：在国家政策指导下，中国企业对安哥拉的基础设施进行建设，安哥拉以石油偿付中国企业的建设费用，形成以投资换能源模式的基本架构。此模式通过国家签订双边贸易协定，以合作双方需要的物品进行平等互利交换为基础。在此过程中，两国基于平等互惠开展具体合作，良好的国家关系为合作的深入推进奠定了有力基础。基于共同的合作需要，中国设计出一种双方均能接受，可以获得实际利益的战略架构。在实际运行过程中，以投资换能源模式会不断根据实际情况进行调整，促使两国能源合作的进一步发展。

4.2.1　中国－安哥拉能源合作模式的参与角色

中国－安哥拉能源合作的参与对象包括两国政府、国有政策性银行、国有石油公司、建筑企业等。如图4–1所示。

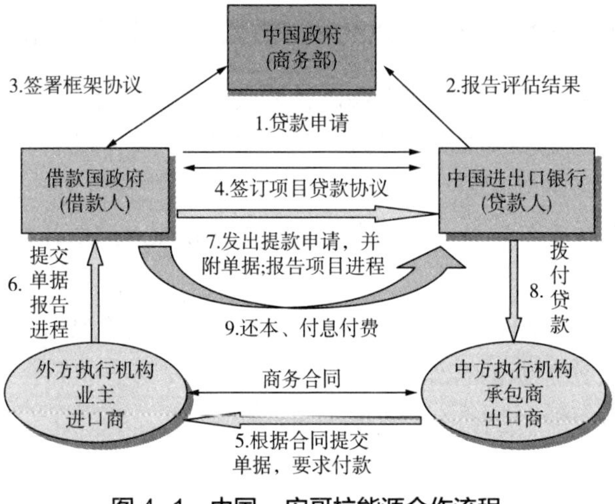

图4–1　中国－安哥拉能源合作流程

注：本图引自中国进出口银行，http：//www.eximbank.gov.cn/。

① 张宇炎．中国对“中国－安哥拉能源合作”管理政策变化分析［J］．国际观察，2012（1）：58.

② Ana Christina Alves. The Oil Factor in Sino–Angolan Relations at the Start of the 21st Century［J］. China in Africa Project，2010（11）.

两国政府作为中国 – 安哥拉能源合作的主要参与体，通过外交谈判，形成符合两国利益需要的框架协议，设计决定中国 – 安哥拉能源合作的宏观架构，并且监督模式的运转，对模式的关键节点和发展走向进行整体把控。根据中国 – 安哥拉能源合作协议，如果中国企业未能按期交付工程项目，拖延了工期，承办商将无法按期获得相应款项。为提高石油销售与此协议的联系程度，两国政府帮助中国、安哥拉的石油公司按市场价格另外签署了买卖合同①。例如，两国在合作协议中明确约定，需从中国进口不少于 50% 的设备、材料、技术服务等②。此外，当合作执行过程中出现企业无法协调解决的事项，两国政府会通过定期的首脑会议、在中非合作论坛内协商等形式出面协商解决，以保证合作进程的顺利实施。

政府的介入程度使中国 – 安哥拉能源合作不仅有别于传统意义上的商业行为，也与传统无偿援助有所区分。中国 – 安哥拉能源合作的独特之处是中国政府在制定出能源合作战略后，退居幕后，尊重市场经济规律，给企业更大的自主权。这种做法顺应了中国和安哥拉市场经济发展的需要，也契合了中国对外能源合作的基本精神。

安哥拉作为合作的另一方，短期目标是希望通过同中国的经贸合作，完成本国的战后重建，换取经济发展的启动资金。进而实现保护本国的能源安全，吸引风险投资，保证高效率的勘探开发，满足国内的石油消费需求，培养本国技术和专业人员，保护环境和增强社会福利等远景目标。

为实现短期目标，安哥拉政府需要用石油作为质押担保物，同中国进出口银行签署贷款协议，获得相应贷款，用于偿付中国企业在安哥拉的建设费用。在合作过程中，安哥拉政府需要定期向中国进出口银行提供相应单据，发出提款申请，汇报项目进程，并在项目结束时为中国建筑企业进行资金结算。在中国 – 安哥拉能源合作初期，由于安哥拉国民经济和基础设施亟待恢复，而安哥拉政府又缺乏资金。中国政府占据谈判主动，使中国石油公司获得相对较为优惠的石油供应合同。在中国 – 安哥拉能源合作的前五年，安哥拉持续、稳定地为中国提供大量优质原油，中国建筑企业和中国石油公司也在中国 – 安哥拉能源合作运行初期获得可观收益，因此，中国 – 安哥拉能源合作的前五年被称为中国 – 安哥拉能源合作的“黄金时期”。

国有政策性银行在中国 – 安哥拉能源合作的运行过程中，发挥了资金融通

① Campos，Indira，Alex Vines. Angola and China : a Pragmatic Partnership [R] . Working Paper Presented at a CS IS Conference. Prospects for Improving U S – China– Africa Cooperation，2007 (12) : 9.

② Lucy Corkin. Uncovering African Agency : Angola’ s Magement of China’ s Credit Lines [M] . Ashgate Publishing Limited，2013 : 66.

作用，对中国－安哥拉能源合作的实际运行发挥重要作用。中国进出口银行在中国－安哥拉能源合作中扮演核心角色，以为安哥拉提供低于市场利率的投资贷款的方式，保障两国合作的顺利运转[①]。中国进出口银行自 1995 年 4 月 21 日起开展优惠贷款业务，是目前世界上最大的从事此项业务的银行[②]。中国－安哥拉能源合作以买方信贷的形式实现，具体操作流程是中国进出口银行贷款给安哥拉国家政府，安哥拉政府以本国石油收入为质押物。安哥拉石油公司与中国国有石油公司签订石油进出口合同。中国进出口银行同安哥拉国家政府签订项目贷款协议，为中方执行机构（承包商、出口商）拨付贷款。定期听取安哥拉政府汇报项目的进程，并根据协议拨付费用[③]。

在中国－安哥拉能源合作的运作过程中，中国进出口银行承担着纽带作用，一方面给安哥拉提供贷款，另一方面中国进出口银行还款给中国企业。中国进出口银行受中国国务院直接领导，属于中国政府全资拥有的政策性银行，是中国对外经贸支持体系的重要力量和金融体系的重要组成部分。中国进出口银行的经营活动有效地执行了中国的能源合作战略。中国给安哥拉的信贷利率为伦敦银行同业拆息率加 1.5%，至 2007 年底其平均实际利率接近 6.6%[④]。这个利率高于传统援助的信贷利率（2%），但低于商业信贷利率（9%~10%）。中国－安哥拉能源合作中信贷利率显示其具有独特性。中国－安哥拉能源合作与传统援助以及一般性商业获得不甚相同。本质上，中国－安哥拉能源合作是在中国外交政策和宏观战略的影响下，符合中国的能源战略需要的新型合作模式。

中国国有建筑企业承担在安哥拉进行基础设施建设的工作，完成建设后获得安哥拉支付的报酬。最早进入安哥拉进行战后重建的公司是中国对外经济技术合作总公司。当时该公司与安哥拉采取买方信贷的合作方式，即把钱贷给安哥拉的业主，由中国进出口银行提供贷款，为防止安哥拉还贷能力出现问题，无法按期付款，中国对外经技术合作总公司购买了中国出口信用保险公司的保险以降低金融风险[③]。然而，近年来随着人民币持续升值，买方信贷会给中国企业造成一定损失，这种合作方式已逐渐被企业弃用。

通常，中国建筑企业会通过选择分包商或从国内带工程队的方式完成建设任务。这两种分包方式各有利弊。中国建设公司倾向从中国国内带分包商去安

① Lucy Corkin. Uneasy allies：China's evolving relations with Angola［J］. Journal of Contemporary African Studies, 2011, 29（4）: 172.

② Lucy Corkin. Uncovering African Agency：Angola's Magement of China's Credit Lines［M］. Ashgate Publishing Limited, 2013：63.

③ 张宇炎 . 中国对“中国－安哥拉能源合作”管理政策变化分析［J］. 国际观察，2012（1）: 59.

④ 唐晓阳 . 评析中国与安哥拉经济合作的新模式［J］. 西亚非洲，2010（7）: 55.

哥拉进行建设，这样做的优点是不易出现沟通问题，执行效率高，但缺点是费用较高。而雇用安哥拉当地分包商虽然费用较低，但由于语言不通，当地分包商与中国建筑企业经常出现沟通不畅的问题，导致出现拖延工期、员工进驻工程现场不及时等现象。有时，中国分包商 3 个月可以完成的工程，当地分包商可能拖延至半年甚至更长的时间完成。这在一定程度上影响了工程总进度，直接提高工程成本 ①。因此，中国的总承包公司更倾向于雇用中国国内工程队承担建设任务。

中国国有石油公司在中国 – 安哥拉能源合作中购买安哥拉的石油，经过谈判，同安哥拉政府签订合同，获得经济利益，保障中国的能源安全。在中国 – 安哥拉能源合作中，中国石油化工参与了此项目。作为油气投资者，中国石化的终极目标是通过实现油气资产价值，实现股东利益最大化。油气项目的全生命周期活动包括项目获取、项目实施以及项目退出三个部分。目前在中国石化对非洲的投资模式中，主要分为四种相对成熟的合同模式：投资者与资源国之间的合同模式、投资者之间的合同模式、投资者与服务商之间的合同模式以及投资者与金融保险机构的合同模式。中国石化作为石油公司，通过在安哥拉的油气投资，希望获得合理的投资回报率、发现油气资源、获得原油供给，在此过程中，中国石化还需确保投资资金的安全，以灵活、可控的方式尽可能扩大在安哥拉市场的市场份额 ②。

综上，在中国 – 安哥拉能源合作的案例中，参与角色包括中国政府、安哥拉政府、中国进出口银行、中国石化以及中国进出口总公司、中国出口信用保险公司等。在中国 – 安哥拉能源合作中，投资者与资源国之间的合同类型是指中国石化与安哥拉政府签署的合同。主要包括三种类型：矿税制合同、产品分成合同以及风险服务合同。这也是当前中国石油企业在非洲投资时与资源国政府签署的三种主流合同类型，目前，大部分中国企业在非洲的投资以产品分成合同为主要合作方式。

4.2.2 中国 – 安哥拉能源合作模式的运行流程

中国 – 安哥拉能源合作的运行流程以基础设施换石油（Infrasturcture for Oil）为主要特点。缺乏资金的安哥拉政府同需要能源的中国政府达成了能源合作的意向。具体为：两国政府率先签订框架协议，就贷款总额、建设项目等大宗事项达

① 参见附录三：对中国机械设备工程股份有限公司管理人员的访谈，问题 2。
② 参见附录五：对中国石化国际勘探公司管理人员的访谈，问题 5。

成一致，之后由中国 – 安哥拉能源合作中的实际参与角色（建筑公司、石油公司、银行等）分别签订具体协议，敲定协议细节。在中国 – 安哥拉能源合作的运行过程中，中国建筑企业如果遇到无法解决的问题，会寻求政府支持。例如，中国机械设备工程股份有限公司在安哥拉进行基础设施建设时，遇到过水泥涨价的问题，该公司在与安哥拉当地分包商沟通无果时，曾提请通过两国政府沟通解决[①]。

在中国 – 安哥拉的能源实践中，中国商务部和进出口银行管理资金贷款，中国财政部审批拨款预算，中国外交部也会协同管理中国 – 安哥拉能源合作的贷款资金。超过 50 万美元的贷款申请则需上报国务院审批[②]。为更好地监控资金的使用情况，商务部和外交部还会定期组织会议讨论项目进展[③]。为降低资金风险，中国进出口银行要求安哥拉将项目利润的 1% 用于担保[④]。

例如，2005 年，中国和安哥拉签署了第一笔贷款，约定用 23 亿美元用于购买设备，支持安哥拉基础设施建设。中国企业在中标后，两国的企业会协商项目标的价格，达成一致后，中国进出口银行和安哥拉财政部会签订银行贷款协议。中国建筑企业进入安哥拉执行建设任务。在筹备过程中，需提前进行采购。目前中国企业通行的采购方式有两种：一种为使用人民币进行结算，即中国企业直接将采买费用由中国进出口银行拨付给厂家。第二种采买方式为当地结算，当需要在安哥拉或境外地区采购建设材料时，需按交易当日兑换汇率，以美元或安哥拉当地货币（宽扎）结算[⑤]。

4.2.3 中国 – 安哥拉能源合作模式的主要特点

一般而言，中国 – 安哥拉能源合作模式，具有以下三大特点。

第一，平等互惠是中国与安哥拉能源合作模式的突出特点。中国 – 安哥拉能源合作成功的基础是共同的利益驱动，两国在尊重主权和领土完整的前提下，成功找到利益的契合点，设计出合适的能源合作战略，展开了卓有成效的经贸合作。这表明，能源合作的设计初衷是为国家的利益服务，两国政府是否有长期合作的意愿，各行为体之间融洽的配合是两国能源合作顺利运转的必要条件。在中国 – 安哥拉能源合作中，安哥拉有迫切的对外合作意愿，急需获得大笔资金进行

① 参见附录三：对中国机械设备工程股份有限公司管理人员的访谈，问题 2。

② 参见附录五：对中国石化国际勘探公司管理人员的访谈，问题 5。

③ Lucy Corkin. Uncovering African Agency : Angola' s Magement of China' s Credit Lines [M] . Ashgate Publishing Limited, 2013 : 67.

④ Lucy Corkin. Uneasy allies : China' s evolving relations with Angola [J] . Journal of Contemporary African Studies, 2011, 29 (4) : 173.

⑤ 参见附录二：对中华人民共和国商务部对外援助司前副司长王成安的访谈，问题 2。

战后重建。安哥拉政府率先与西方国家开展接洽，但未能达成合作意向，也使安哥拉政府和企业对西方国家有了更清晰的认识。

和西方国家相比，中国与安哥拉开展能源合作的意愿更为迫切。随着经济的飞速发展，中国存在能源对外依存度逐年上升、进口来源地较少、运输线路单一等问题。通过同安哥拉开展能源合作可以调整能源进口结构，丰富原油运输线路，符合中国的能源战略利益。此外，在中国 – 安哥拉能源合作之时，中国一直秉承不干涉内政的原则，中国从未通过能源合作对安哥拉进行意识形态的输出，干涉安哥拉的内政。中国光明正大、平等相待的立场与态度，让安哥拉政府和人民逐渐打消了疑虑，两国建立起一种互信互惠的合作模式。

第二，灵活多样的管理方式是中国对安哥拉能源合作模式的实施特征。在此模式中，中国政府的作用发生明显变化，商务部的角色由直接的行为体变成间接指导者[①]。自 1994 年起，商务部对外投资的思路开始变化，开始实行以市场供求为基础的、单一的、有管理的人民币浮动汇率制度，实现汇率并轨，取消外汇留成，实行外汇收入结汇及售汇制[②]。这种灵活、多样的管理模式有效提升了中国在安哥拉的影响力，促使中国的大型中央企业、地方政府主导的企业、私人企业均可对非洲进行投资。在过去 20 多年里，随着中国逐渐由计划经济向市场经济转变，中国政府对能源领域的管理思路也发生变化，企业被赋予更多的自主权[③]。中国政府管理思路的变化激发了企业的投资热情，直接促进中国 – 安哥拉能源合作的顺利开展。

第三，参与行为体具有多样化的利益诉求是中国对安哥拉能源合作模式的突出特点。正如南非学者伊恩·泰勒、露西·科尔金认为的那样，在研究中国 – 安哥拉的能源合作时，应分别研究各类参与行为体的行为以及背后的驱动力[④]。在中国 – 安哥拉的能源合作中，中国企业在符合国家能源合作战略的背景下，有自己的利益诉求。参与中国 – 安哥拉能源合作的中国企业以追求经济利益为目标，遵循企业行为准则。中国企业、银行、保险信托公司在与安哥拉当地政府合作之时，只要按照合同完成工期，履行职责即可[⑤]。2003 年，中国石化决定在安哥拉投资的主要驱动力为能否获得足够利润，主要考虑因素是国际原油价格，矿区使用费的征收比例，勘探、开发投资以及经营成本，利润的分成比例，政府的税收

① 张宇炎 . 中国对“中国 – 安哥拉能源合作”管理政策变化分析［J］. 国际观察，2012（1）: 60.

② 中国对外经济贸易年鉴编纂委员会编 . 中国对外经济贸易年鉴 1994—1995［M］. 北京：中国社会科学出版社，1994.

③ Erica S Downs. The Fact and Fiction of Sino-African Energy Relations［J］. China Security，2007，3（3）: 49.

④ Ian Taylor. China’s New Role in Africa［M］. Lynne Rienner Publishers，2009：179.

⑤ 张宇炎 . 中国对“中国 – 安哥拉能源合作”管理政策变化分析［J］. 国际观察，2012（1）: 60.

比例，石油运输的费用等。企业通过测算预期收益，分析从安哥拉进口石油能否获得足够的经济利益。假如原油价格处于高位，安哥拉政府的税收比例过高，能获得的利润空间将受到挤压，企业会放弃在安哥拉的投资[①]。

4.3 中国－安哥拉能源合作模式的作用

中国－安哥拉的能源合作模式，符合新时期中国对外战略的总体方向，实现了中国的对外战略目标。2013年，习近平同志向世界发出“一带一路”伟大倡议，中国同安哥拉的关系继续深入发展。中国一贯坚持和平发展战略，努力与世界上所有国家，尤其是周边国家、“一带一路”沿线国家等，建立良好的经济合作伙伴关系，努力共同构建人类命运共同体。在中国－安哥拉关系中，两国政治上深化互信，经济上密切交流合作，共同开发资源，同时在文化、教育等领域交流合作。

中国－安哥拉关系发展具有良好前景，中国不仅需要保护能源安全，还需要通过非洲广阔的市场转移国内过剩的产能，而安哥拉未来需要进行经济转型，摆脱经济过于依赖单一产业的现状，将获得的资金转化为生产力。因此，中国－安哥拉能源合作仍有继续发展的空间和潜力，在“一带一路”的背景下具有相当生命力，对其他国家具有推广价值。中国－安哥拉能源合作的优势具体有哪些？本节将予以详述。

4.3.1 符合中非外交战略的需要

中国－安哥拉能源合作的优势之一，是在对外关系方面能够满足中非战略的需要。

进入21世纪，中非的战略目标是同非洲国家发展战略伙伴关系。为实现这一目标，中非需要在政治上加强共识，建立政治友谊。在经济合作层面，中非经济合作是双边关系深入发展的推动力，发展能源合作可以帮助非洲发展经济，改变落后的状态，提高当地人民的生活水平，扩大中国在非洲的政治影响力。本质上，中非能源合作是互有需要，资源互补的合作模式。一方面，中国拥有资金、技术、先进的管理经验，是非洲提高本国工业化水平、发展支柱型产业必备的条件。另一方面，中国需要非洲的市场和资源转移国内过剩的产能，并借此机会调整国家能源进口结构，促进国家能源优化转型发展。因此，加快发展中非经济合作既是基于互惠共赢的合作理念，也是中国经济国际化的一部分。未来中国经济

① 参见附录五：对中国石化国际勘探公司管理人员的访谈，问题5。

如果需要继续保持快速增长，同非洲的经贸合作是重要组成部分。中国 – 安哥拉能源合作是其中的典范，可以对未来中国对非洲能源战略的设计起到示范和参考意义，符合中国对外战略的需要，维护国家的能源利益。

中国发展对非能源合作具有很多优势条件。自中华人民共和国成立以来，中国第一代领导人就积极发展同非洲国家的关系，建立起深厚友谊。中国在自身经济水平不高的情况下，依然对非洲国家进行经济援助，20 世纪 60 年代，中国援建的著名的坦赞铁路就是中非友谊的象征之一。中国为非洲提供的不附带政治条件的援助，给非洲人民留下了良好的印象，中非之间具有传统政治友谊，这为 21 世纪发展中非能源合作提供了良好政治社会基础。

4.3.2 促进了安哥拉的经济发展

中国 – 安哥拉能源合作的优势之二，是给安哥拉带来了巨大的实际收益，并且在对外经济合作方面为中国同其他国家能源合作提供示范榜样。经过与中国多年的能源合作，安哥拉不仅迅速完成了战后重建，基础设施建设基本完备，而且获得了经济发展必需的启动资金。自安哥拉内战结束以来，安哥拉国民经济稳定增长。根据世界银行数据统计，2016 年、2017 年安哥拉的国内生产总值年均增长率在非洲均名列前茅，分别达到 3% 和 3.8%[①]。

中国 – 安哥拉能源合作具有推广性，包含以下两个方面含义：

第一层含义，是指以投资换能源合作模式可以推广、引入中国同其他非洲国家的经贸合作。目前，很多非洲国家具备一定资源，但由于缺乏资金，导致经济发展水平落后，他们通过效仿中国 – 安哥拉能源合作可以获得发展的资金、先进的技术，为本国经济的发展提供第一桶金。例如，刚果（金）拥有丰富的铜矿资源，几内亚拥有铁矿以及铝矿资源，但是两国都存在经济发展水平低、发展资金匮乏等问题，中国可以效仿中国 – 安哥拉能源合作同刚果（金）、几内亚等非洲国家开展以投资换能源的经济合作模式，形成互惠互利，共同发展的新模式。此外，中国 – 安哥拉的能源合作可以打消其他非洲国家的疑虑。在中国 – 安哥拉能源合作之初，很多非洲国家和西方国家都怀疑中国试图通过经济合作，在安哥拉进行意识形态的输出，干涉安哥拉内政，认为中国和安哥拉的能源合作是“新殖民主义”的一种形式。然而，通过多年的精诚合作，中国政府将自主权交给中国企业，而中国企业在安哥拉开展以获取经济利益为主要目的的经营活动，并未承担国家的政治任务。这一范例也打消了那些想要同中国合作，却又担心中国干涉

① 张宏明主编 . 非洲发展报告（2015—2016）[M] . 北京：社会科学文献出版社，2016：201.

本国内政的非洲国家的疑虑，以投资换能源的模式可以在更多的非洲国家进行推广，成为中国非洲能源合作的模式之一。

第二层含义，是指中国－安哥拉能源合作可作为一种参照，在中国同其他国家的石油价格谈判中，增加谈判回旋的余地。例如，中国和伊朗进行石油贸易谈判时，伊朗国家官员认为既然中国同伊朗具有传统友谊，为什么中国不能在购买石油的价格上给伊朗做出更大的让步呢？而中国对此的回应是，安哥拉与中国同样拥有传统友谊，中国和伊朗的石油合作也应参考中国－安哥拉的能源合作进行。中国－安哥拉能源合作帮助中国在开展同其他国家的能源合作时，提供可参考的范例。

4.3.3 丰富了中国的能源供给来源

中国－安哥拉能源合作的优势之三，是维护了中国国家能源供给的稳定。

中国－安哥拉的能源合作可以丰富中国的能源供给来源，优化能源进口结构，维护国家能源安全。21 世纪以来，中国能源的对外依存度逐年上升，2020 年原油对外依存度近 70%。在进口能源的运输过程中，石油进口来源地较为集中，中东地区是中国主要的石油进口来源地；石油的运输线路较为单一，大部分进口石油均需经过中国南海和马六甲海峡。运输线路单一和进口地区集中是中国能源进口的主要问题，也是威胁 21 世纪中国能源安全的障碍之一。为解决这一问题，分散石油进口的来源地，增加多条运输线路，可通过开展中国－安哥拉的能源合作解决。

安哥拉的能源十分丰富，两国成功开展的能源合作可帮助中国大力发展清洁能源，调整能源消费结构，改善环境，促进经济的可持续发展。安哥拉作为“南部非洲发展共同体”（SADC）中最具影响力的石油生产国，是仅次于尼日利亚的第二大石油生产国。2008 年，其日均石油产量位居世界第 17[①]。2007 年，安哥拉正式成为石油输出国组织成员之一，其油气开采和加工制造业也逐渐和国际接轨。安哥拉石油储量主要分布在飞地卡宾达省的海上地区、索约市附近陆上、罗安达北部宽扎盆地和北部海岸等地[②]。此外，安哥拉不仅具有丰富的石油资源，还蕴藏较为丰富的天然气。目前安哥拉天然气未能得到很好的开发和利用，很多天然气作为石油开采的伴生气体被白白地空放浪费。

中国－安哥拉能源合作不仅可以为中国提供稳定的能源供应，优化能源进口结构，还可以帮助安哥拉提高天然气的利用率，可谓一举三得。此外，中国－

① 薛力，等．中国的能源合作与国际能源合作（1949—2009）[M]．北京：中国社会科学出版社，2011：268.
② 菲利普·赛比耶·洛佩兹．石油地缘政治[M]．潘革平，译，北京：社会科学文献出版社，2008：137.

安哥拉能源合作的成功开展还能为中国和其他非洲国家的经贸合作提供范例，促成其他非洲国家与中国的能源合作，通过加强中国同非洲国家的经贸合作，深化中国同非洲的能源合作。在中国和其他非洲国家商谈经贸合作的具体细节时，中国－安哥拉能源合作可作为参照标准，为中非能源合作提供路径选择。因此，中国－安哥拉能源合作对稳定中国的能源供应意义显著。非洲市场挖掘潜力巨大，中国－安哥拉能源合作能带动中国同其他非洲国家扩大经贸合作，形成规模效应，这对于保护中国的能源安全大有裨益。

4.4 中国－安哥拉能源合作模式所存在的问题

中国－安哥拉能源合作的前五年取得了巨大成功，然而随着安哥拉国内基础设施建设逐渐饱和，中国－安哥拉能源合作也存在一定困境，暴露出安哥拉管理水平缺失、招投标过程不透明、信息不公开等问题。纵观中国－安哥拉能源合作历程，大致经历了两个发展时期。第一阶段的中国－安哥拉能源合作成效斐然，安哥拉一度成为中国最大的石油进口国。2007 年，根据中国－安哥拉的合同约定，中国企业已按协议完成相关建设项目，帮助安哥拉基本完成战后的基础设施重建工作①。然而，到了中国－安哥拉能源合作的第二阶段，安哥拉已经度过战后重建阶段，基础设施建设基本完成，安哥拉对继续执行既有合作模式的热情减退，开始寻求其他的合作形式。表现为 2008 年后，安哥拉不再以石油作为中国－安哥拉能源合作的质押物，中国石油公司在安哥拉能获得的政策优惠也愈加有限。自此之后，中国企业在安哥拉的投资利润率不断下跌。随着国际原油价格的持续走高，安哥拉在中国－安哥拉能源合作谈判时的话语权也在提高，其总统甚至公开宣称："中国不是我们唯一的伙伴。"② 中国－安哥拉的能源合作遇到变数与挑战。

分析中国－安哥拉能源合作存在的问题有助于趋利避害，通过及时调整相关管理政策，促进中国－安哥拉两国的能源合作发展焕发新动力，同时也为中国同非洲其他国家的能源合作奠定基础，提供参考依据。

4.4.1 无法完全满足资源国不同发展阶段的需要

中国－安哥拉能源合作初期，安哥拉急需获得发展资金，开展以投资换能源模式的意愿非常迫切，随着安哥拉的战后重建工作接近尾声，国内的基础设施建

① Indira Campos，Alex Vines. Angola and China，a Pragmatic Partnership［R］. Working Paper Presented at a CSIS Conference，2007.

② The Chinese in Africa：Trying to Pull Together. http：//www.economics.com/node/18586448.

设渐趋完备，国家建设需求接近饱和，使安哥拉继续开展以投资换能源模式的需求不再迫切。而中国对安哥拉的石油资源仍有较强兴趣。两国继续合作的迫切程度此消彼长，使安哥拉在两国新一轮的贸易谈判中逐渐掌握话语权。一个明显的表现就是安哥拉政府逐渐敢于否决不符合条件的中国石油公司的投标申请①。安哥拉的官员曾公开表示安哥拉不希望依赖任何一个合作伙伴，不管是发展援助性质的伙伴还是商业合作伙伴②。2008 年以后，中国国家开发银行、中国工商银行和中国进出口银行向安哥拉提供的几笔贷款都不再以石油作为担保物。

再比如，在 2003 年中国 – 安哥拉合作之初，两国约定全部合同由中国公司承建；后在安哥拉的要求下，第二笔贷款协议规定合同额的 30% 需留给安哥拉本土承包公司。安哥拉政府合作热情的减退直接表现在给予中国石化的油田区块、征收的税率以及管理费上的优惠力度有所减少，导致中国石化在安哥拉投资的利润率直线下跌。此外，安哥拉为减少对外部单一国家的经济依赖，已经开始寻求替代性的能源合作伙伴。2007 年，西班牙为安哥拉提供了价值 600 万美元的建设援助③。

事实上，中国和安哥拉的经济合作是在特定时期，两个国家基于共同的合作需求、理性计算成本和收益之后做出的选择。在此模式中，中国为安哥拉提供资金支持，以满足中国政治、经济、能源利益的需要④。安哥拉虽然同中国具有政治友谊，但决定同中国开展大规模经贸合作的主要驱动力是国家利益。因此，当双方合作中的一方未能在合作中持续获得足够好处时，两国经贸合作的发展速度将充满疑问。在安哥拉 2009—2012 年的国民发展计划和 2025 年国民发展愿景中，已不再将大规模基础设施建设作为唯一要务。经济多元化（特别是农业发展）以及降低对石油收入的严重依赖已成为首选项⑤。这反映出以基础设施换石油的传统能源合作模式不再符合当前安哥拉的国家发展需要。这也是安哥拉同中国继续中国 – 安哥拉能源合作模式的意愿减弱、动力不足的根本原因。如果中国仍希望继续同安哥拉开展能源合作，需调整能源合作的战略，重新思考、调整、设计出适合两国发展需要的能源合作新战略。

---

① The Chinese in Africa：Trying to Pull Together. http：//www.economics.com/node/18586448.

② Indira Campos，Alex Vines. Angola and China：a Pragmatic Partnership［R］. Working Paper Presented at a CSIS Conference，2007.

③ Lucy Corkin，Uneasy allies：China's evolving relations with Angola［R］. Journal of Contemporary African Studies，2011，4（29）：175.

④ 张宇炎 . 中国对"中国 – 安哥拉能源合作"管理政策变化分析［J］. 国际观察，2012（1）：60.

⑤ 刘海方，马婕 ."你们不是我们唯一的朋友"——安哥拉视角看"安哥拉模式"［M］. 北京：社会科学出版社，2005：145.

4.4.2 未能促进资源国建立独立完整的工业体系

自 21 世纪以来，安哥拉与中国开展了全方位的能源合作，迅速完成了战后基础设施重建，国民经济发展逐渐走上正轨。然而，经过多年的发展，安哥拉国内的发展存在种种弊端，表现为本国人民的生活未得到有效改善、本国企业发展较慢、本国工业尚未形成完整体系。这些弊端使安哥拉一方出现了一些对中国－安哥拉能源合作的反思与质疑，具体如下：

首先，在两国的合作中，安哥拉虽然通过自身拥有的化石能源筹集了大量资金，然而安哥拉政府未能凭借资金建立起本国独立、完整的工业体系。安哥拉政府将大量的资金用于投资铁路、货运、基础设施建设等领域，并未有力提升本国的科技开发能力，未能改善安哥拉的经济模式，尚未建立起支柱性产业。安哥拉本国的炼化技术、成品油加工技术等仍较为落后，这使得安哥拉国民经济仍然主要依赖石油出口，加工业、制造业水平较低。安哥拉的经济基础仍然较为脆弱，还贷能力缺乏，易产生债务危机，进而加重投资国的财政负担。一旦安哥拉出现政治动乱、政权更迭或国际油价大幅波动，容易出现债务危机，会给中国等债权国增加金融风险。

其次，安哥拉建设企业在中国－安哥拉的能源合作中成长速度不快，本国工人素质不高。在中国－安哥拉的能源合作规定中，中国企业的建设工程中，必须雇用安哥拉当地工人，比例不超过 30%。但碍于安哥拉工人的文化、技术水平较低，吃苦耐劳程度低，可以从事高级技术工种的本土人员较少[①]。本国人员素质始终无法达到中国建筑企业的施工要求，为中国企业增加了施工难度，延长了建设工期，增加了施工成本。

最后，虽然安哥拉通过与中国开展能源合作获得了大量收益，但并未转化为安哥拉的国民生产力。因此，安哥拉一直饱受国际货币基金组织的巨大压力，被要求提高石油产业带来收益的透明度，并对相应产业进行有效管理[②]。伴随中国－安哥拉能源合作的影响力逐渐扩大，少数西方媒体质疑中国企业是通过高层政府间协议取得项目，中标难度低于一般商业行为[③]。

① Lucy Corkin. Uncovering African Agency : Angola' s Magement of China' s Credit Lines [M] . Ashgate Publishing Limited, 2013 : 112.

② 李安山主编 . 中国非洲研究评论 2015 [M] . 北京：社会科学文献出版社，2017 : 124.

③ Lucy Corkin. Chinese Construction Companies in Angola : A Social Responsibility Perspective [J] . Southern Africa, the Green Political Foundation, 2012 : 3.

4.4.3 中国企业的投资回报率逐年下降

在看到中国－安哥拉能源合作取得的巨大成功之后，越来越多的国家和企业希望进入安哥拉分一杯羹。随着安哥拉已基本完成战后重建工作，国内基础设施的建设已趋近饱和，中国企业可获得的利润空间被进一步摊薄。2006年后，中国对安哥拉直接投资的增幅在逐年递减。甚至在2008年和2009年出现了逆增长。间接证明了目前中国企业在安哥拉投资热度有所减退，安哥拉的基础设施需求也在减少。

此外，由于安哥拉的法律尚待完善，执法不严，法律变更较快。使中国企业在安哥拉开展项目建设时，经常需要支付额外费用，给中国企业增加了投资成本。例如，安哥拉港口资源十分有限，可以卸货的泊位极为有限，为获得泊位，经常发生数家能源公司争抢泊位的情况。由于缺乏公平合理的管理机制，能源公司甚至需要向相关管理部门行贿，以获得泊位。而没有行贿的公司即便已事先预定泊位、预付定金也无济于事①。此问题是安哥拉管理混乱的一个缩影，事实上这种问题屡见不鲜，由于安哥拉的管理混乱，会增加中国公司的成本，减少中国公司可能获得的利润。再比如部分非洲国家法律变更过快，变更法律依据会影响中国企业的投资策略，增加成本。部分非洲国家甚至每隔两年，就会突然提高税收标准、调整对外投资政策，甚至还会追溯已经执行的能源投资合同，外国能源公司只能被动接受，导致能源项目成本不断提高，分散企业的投资热情。

---

① 参见附录三：对中国机械设备工程股份有限公司管理人员的访谈，问题2。

第 5 章　中非能源合作前景分析

能源在现代工业体系中具有重要地位，是世界各国社会经济发展的动力之源。国际能源格局与国际政治经济体系的变化密切相关。近年来国际能源格局出现明显的深度调整，传统能源格局和秩序正在逐渐被打破，新的能源格局正在加速形成。面对国际能源格局出现的重大变化，世界各国的能源消费量仍在不断攀升，国际能源供应与取得对未来各国综合国力的消长的重要性不减反升。世界各国围绕能源展开的合作、控制和竞争不断加剧。那么，国际能源格局出现了哪些重大变化？为什么会出现这种变化？面对国际能源格局的变化，中国对外能源合作将如何调整应对呢？

5.1　21 世纪的国际能源新格局：变化、特征与原因

自 21 世纪以来，既有的国际能源格局呈现重大转变。从全球大势看，百年未有之大变局深入演进，“北强南弱”格局仍在延续，“东升西降”趋势愈加明显，地缘政治冲突更加激烈，世界处于新的动荡变革期。自新冠肺炎疫情暴发以来，经济全球化遭遇逆流，国际经济循环格局和全球产业分工体系深度调整，大国博弈重心转向科技创新竞赛和技术权利竞争，不稳定、不确定因素明显增多。据相关机构测算，2022 年全球石油需求量增加 215 桶 / 日，同比增加 2.2%。仍未恢复至疫情前水平。分区域看，中东、非洲、中亚等地区已超过疫情前水平，亚太、欧洲、北美、拉美等地区消费恢复相对迟缓，从终端消费来看，汽油和柴油消费接近疫情前水平，航空煤油消费仅恢复至疫情前的 76%[①]。

20 世纪 50 年代初，随着中东产油国崛起，逐渐形成了“中东单极供应全球石油格局”。这一国际能源格局维持了近六十年。2010 年以后，“中东单极供应全球石油格局”开始由盛而衰，油价过高促使世界能源主要消费国加快科技创新，寻找新的能源品种，实现降低油价、增加供应的目的。与此同时，世界其他地区的产油量初步攀升，北美洲的美国、加拿大，欧洲的俄罗斯，非洲各国，南

① 电力规划设计总院编著 . 中国能源发展报告 2023［M］. 北京：人民日报出版社，2023：21.

美洲的委内瑞拉等纷纷加入石油生产行业，并迅速成为中东之外的石油供应要角，进一步摊薄了中东石油输出国在世界能源供应中所占的比例。此外，气候变暖对国际能源格局的走势也产生了影响，在北极冰川融化加速后，北极地区开采石油的成功率不断增加，将进一步改变既有国际能源格局。

2010 年 7 月，国际能源署发布报告《能源技术展望 2020》，该报告认为，当前全球正在经历一场能源科技革命，将对今后人类社会的发展产生深远影响。该报告将能源的科技创新与空间技术、人工智能并称为世界三大尖端技术，认为既可改进原有科技（如洁净煤技术、二氧化碳 CCS 技术等），也可技术创新，实现对能源储存、运输、储存、使用价值链的增值[①]。

这场能源科技革命，深刻影响着国际能源格局的走向，影响能源的消费方式。未来，能源消费将呈现低碳化趋势，能源的利用率将大幅提升，伴随着能源运输手段的多样化，储能技术的完善，能源的生产、收集、储存、转化、销售将可能形成一个完整的闭合体系[①]。国际能源格局的变化将深刻影响各国的能源及能源消费方式，进而影响中国的能源合作政策的策略。

5.1.1 21 世纪国际能源格局的变化与特征

纵观近年来国际能源格局的变化过程，可观察到以下几大特征：

首先，国际油气供需格局出现重大调整，表现为供应中心多极化，消费中心向新兴市场国家转移。以北美洲的美国、加拿大等国为代表的油气新供应源出现，使油气供应来源趋于丰富。北美非常规油气资源储量丰富，随着美国能源技术的突破，美国、加拿大、委内瑞拉、巴西等国的石油和天然气产量持续增加，美洲地区逐渐成为国际能源供应的新中心。中东地区在国际能源生产结构中的地位受到一定程度的削弱。2012 年美国原油产量提升至 3.95 亿吨，同比增长 13.9%，仅次于沙特和俄罗斯，居世界第三；其天然气产量为 6814 亿立方米，成为世界最大的天然气生产国。据国际能源署预测，2020 年美国取代沙特成为世界最大的石油生产国[②]。

受俄乌冲突影响，国际油价震荡攀升后下行。2022 年 2 月 24 日，俄乌冲突爆发。在地缘政治风险的催化下，国际油价快速上涨，2022 年 3 月 7 日，最高触及 139.13 美元 / 桶，创 2008 年以来的新高，随后整个二季度维持高位震荡。2022 年 6 月以后，美联储加快升息步伐，市场看衰全球经济，叠加美国释放大

① 胡森林．能源大变局：中国能否引领世界第三次能源转型［M］．北京：石油工业出版社，2015.

② 闫世刚，刘曙光．新能源安全观下的中国对外能源合作［J］．国际问题研究，2014（2）：110.

规模战略石油储备，石油供应紧张局势得到一定缓解，国际油价震荡下行。2022 年 11 月底，跌破 80 美元 / 桶。全年布伦特原油均价为 99 美元 / 桶，比 2021 年上涨近 28 美元 / 桶，涨幅达 40%①。

国际油气供应中心的多极化发展趋势，也促进油气消费结构相应调整。美国作为曾经最大的石油消费国，在自身非常规油气资源得到开发后，对国际能源的进口依赖在不断下降。新兴经济体由于经济增速持续保持高位，对国际能源进口的依赖不断提高，在国际能源消费结构中的话语权不断提升。2008 年以后，受经济危机的影响，石油价格持续低迷，基于此，新兴经济体参与国际竞争的门槛被大幅降低，使这些国家有更多的机会参与国际能源格局的重塑过程②。西方传统工业国家受金融危机的冲击较大，新兴经济体的国际影响力提升迅速，对能源需求巨大。2009 年，沙特对中国的石油出口量超越美国，达到 100 万桶 / 日③。中国在 2017 年超过美国成为世界第一石油进口国。印度在 2013 年成为仅次于中、美、日居世界第四位的石油进口国，印度尼西亚、马来西亚等新兴国家也纷纷与世界主要能源生产国建立战略合作关系，以更积极的态度参与国际能源事务。

其次，天然气供应较为宽松，并且具有良好发展前景。由于美国液化天然气（LNG）产能持续增加，卡塔尔、俄罗斯、澳大利亚等国的液化天然气产量继续保持良好增长势头。2019 年，全球 LNG 出口增量 4400 万吨，需求增量 4200 万吨，供应可以满足需要④。天然气消费的增长主要来自中国、南亚以及北欧地区，城市燃气和工业用气是天然气消费的主要领域。鉴于天然气具有低污染、低排放、利用成本较低、技术成熟等优势，比煤炭、石油更加适应国际能源转型升级的趋势，天然气将在未来中长期全球能源转型中占据主导地位⑤。

再次，大规模能源技术研发加剧，开发的品种方式呈现多样化特点。

随着技术革命的突破，越来越多的能源品种得到开发和利用。很多发达国家凭借雄厚的经济实力和先进的技术水平，投入大量资金、人力进行试验、研究，旨在提升本国能源的利用水平。2022 年，美国通过《通胀消减法案》《基础设施投资和就业法案》，这是美国有史以来最大规模的能源和气候领域的投资，计划投资 3690 亿美元，用于能源安全和气候变化领域。欧盟计划增加 2100 亿欧元，发展可再生能源等。俄罗斯、美国、法国等国家投巨资扩大核能发展。

---

① 电力规划设计总院编著 . 中国能源发展报告 2023［M］. 北京：人民日报出版社，2023：21.

② 王震 . 金融危机后的国际能源格局以及其对中国的影响［J］. 世界经济研究，2010（11）：16.

③ 格雷戈里・梅耶 . 沙特对华石油出口首次超对美出口［N］. 金融时报，2010–2–22。

④ 罗佐县 . 国内天然气市场回顾与展望［J］. 能源，2019（2）：48.

⑤ 杨小椿，鲁东侯 . 全球油气上游市场危与机［J］. 能源，2019（2）：52–53.

世界主要国家对能源品种的开发大多集中在地表和近海。自 21 世纪 10 年代后，更多隐藏于地壳、深海、极地的能源品种得到挖掘。可燃冰、太阳能、风能、生物质能等可再生能源品种在被开采后，得到了世界各国的重视，伴随着能源开发品种的丰富化，能源开采方式也相应增加。美国逐渐掌握了水平压裂、催化重整等开采方式，这促使很多非常规油气资源具备商业化开采的条件。页岩油、页岩气藏于地壳深处，属于非常规油气资源。2008 年以后，美国 UOP 公司逐渐掌握整套开采专利技术，美国开始大规模开采页岩气、油气资源。页岩气开采技术革命力促美国的能源生产能力大幅提高，使美国由世界最大的能源消费国转为能源生产国。

最后，国际能源格局正在重塑：美国影响格局的力量加强，地缘政治冲突加剧变化。

据国际能源署测算，2020 年美国成为世界最大的能源生产国，也必然要争夺能源出口市场占有率，提高其在国际能源领域的主导权，希冀掌握石油定价权、规则制定权、重大能源市场的主导权等。自 2018 年以来，美国开始加强对国际能源市场的控制，干预其盟友的能源贸易，以实现其地缘战略目的。2018 年 3 月，美国能源部长里克·佩里在第 37 届剑桥能源周会议上提出了“能源新现实主义”（New Energy Realism），该政策旨在使美国在实现能源相对独立后，以置身事外的姿态对国际能源格局加强控制，打击美国的地缘政治对手。2018 年 7 月，美国总统特朗普公开对德国与俄罗斯的天然气合作提出批评。由于德国从俄罗斯进口的天然气已占据本国天然气份额的 70%，美国对此深感不满，特朗普政府认为，德国作为美国的传统盟友，不应与其战略竞争对手俄罗斯建立密切的能源合作联系。

在逐渐加深对国际能源格局的控制时，美国政府还对与其关系紧张的石油生产大国进行打压和制裁。伊朗长期与美国关系紧张，为打击伊朗，美国政府公开要求世界各国在 2018 年 11 月底前停止购买伊朗的石油产品，试图摧毁其经济支柱产业。2019 年 4 月 21 日，美国宣布将自 2019 年 5 月 2 日起，不再对当前任何国家实施伊朗原油进口的豁免，彻底切断伊朗的原油出口。伊朗则将封锁石油运输要道——霍尔木兹海峡作为对美国的反制手段。若美国和伊朗围绕能源发生的摩擦进一步升级，国际能源格局将产生难以预料的变数。

2022 年 2 月 24 日，俄乌冲突爆发后，国际能源格局产生重大改变。以美国为首的西方国家借口俄乌冲突，对俄罗斯进行全面打压和制裁。其中在能源供应上对俄罗斯的制裁最为严苛：美国要求欧盟等国家全面停止进口俄罗斯石油、天然气等能源产品。为彻底切断存在多年的俄欧能源贸易关系，2022 年 9 月，目前尚未查明的秘密团伙炸毁了刚刚建好还未使用的俄德之间的石油管道“北溪二号”。至 2023 年底，俄罗斯石油、天然气被美西方国家全面禁止出口，俄罗斯和西方国家的能源联系全部被切断。由此，俄罗斯石油、天然气出口大规模转向东方的中国、印度、东盟国家。出现“俄油向东、美油占欧”的重大变化，其中的输家是欧盟及欧洲国家。2023 年 9 月，巴以冲突爆发并逐渐外溢，2023 年 12 月，也门胡塞武装和美英在红海地区发生武装战斗，对国际能源格局造成难以估量的冲击。

以 2022 年 2 月俄乌冲突爆发为起点，国际能源格局开始了新一轮重塑。

5.1.2 21 世纪国际能源格局变化的原因

近年来，国际能源格局变化的原因很多，主要涉及以下几个方面：

首先，技术革命重塑国际能源格局。

本轮国际能源格局的变化受技术革命影响极大。2008 年后，美国在能源核心技术领域取得突破。其中，美国多家能源企业相继在页岩气勘探开发、炼化一体化、工艺流程优化、施工建设等领域发明自有专利技术，取得重大创新。老牌石油公司埃克森美孚掌握了页岩气开发专利技术，使页岩气的开采难度、开采成本大幅降低，直接帮助美国实现对页岩气大规模商业开采。新兴能源企业 UOP 公司掌握了成套自主天然气净化技术，雪佛龙公司拥有的模块化储罐技术（C3T）能缩短炼化厂建设所需工期四分之一，节约施工建设成本五分之一。美国能源企业取得的技术进步，提升了本国传统能源的产量。受此影响，“二战”后长期存在的一元化能源生产中心被打破，能源生产格局呈现多元化趋势。可见，能源领域的技术革命是撬动国际能源格局深度调整的关键因素。

其次，世界人民环境保护意识加强，冲击了既有能源结构。

进入 21 世纪之后，经济全球化、政治多极化、社会信息化、文化多样化成为时代进步的主要特征。世界人民对环境保护愈加重视，强烈要求传统石油工业降低二氧化碳排放量，减少对环境的污染。2016 年 4 月，世界各国在世界气候大会签署的《巴黎协定》具有标志性意义。在时代的呼唤下，清洁能源的发展顺应了时代的潮流，天然气、光伏发电、地热能等发展迅速，使建构在传统化石能源之上的既有国际能源格局受到严重冲击。

各国民众对环境保护的重视体现了时代进步。自工业革命以来，各国的经济发展与传统化石能源的采掘程度息息相关，相较于经济发展，牺牲环境换取发展成为大多数国家的必然选择。这种发展模式在进入 21 世纪后得到明显改善，不以牺牲环境为代价的可持续发展模式成为许多国家的首选发展战略。这种发展战略和发展道路的变化体现了时代的进步，民众环保意识的觉醒以及各主权国家对公民权利的尊重。

受此影响，既有国际能源结构遇到了前所未有的挑战。由于传统化石能源的重要地位，一直在国际能源结构中居于主体地位。但随着各国经济发展模式的变化，清洁能源显然更符合国家可持续发展需要，这使得清洁能源在国际能源消费结构中的占比提高，重要性增加。此消彼长，化石能源的重要性受到一定削弱，建构在化石能源之上的传统国际能源格局面临转型。

再次，各国能源合作政策的变化促使国际能源格局加快重塑。

在国际能源格局面临深度调整的关键时刻，多数国家政府纷纷加强参与力度，调整能源合作政策，促使国际能源格局与国际政治格局融合加快，国际能源格局加快改变。

在本轮国际能源格局的调整过程中，国家间能源合作的博弈受核心能源技术水平的影响较大。拥有核心能源技术的数量和质量可有效提升国家在能源合作谈判中的话语权。美国作为技术革命的主要参与国，拥有的技术不仅帮助本国降低了能源对外依存度，还保护了本国能源安全，使美国具备干预国际能源市场的实力。未来，美国通过提高专利转让价格、设置技术壁垒、发动科技战争等方式，可迫使某些能源消费国听命于它，施加特别的战略影响力。

关于各国能源合作政策的一个突出变化是政府干预的力度提高。事实上，能源作为特殊商品，其价格、供需关系、合作对象受国际政治、合作竞争变化等诸多因素的影响。由于当前国际能源结构中的不确定性因素增加，各国认为只有加强干预才能帮助本国能源企业获得足够的能源供应。美国、法国、意大利、印度等主要能源消费国均奉行此种能源合作政策。法国加强了与曾经的殖民地乍得、刚果、加蓬等国的联系，意图获得非洲能源。日本、意大利等国政府对国际能源合作、能源安全等议题的重视程度与日俱增。各国首脑出席多边能源会议的次数和频率均大幅提高。

最后，新兴市场国家对能源的进口依赖增强，影响能源消费结构向东转移。

自 2008 年金融危机爆发以来，西方国家经济受到一定程度的打击，经济增速放缓，对能源的需求量基本稳定。而 2008 年金融危机对新兴经济体的发展速度影响不大，经济增速仍保持高位运行，以中国、印度为代表的新兴国家对能源的需求量仍在不断增加。2023 年，中国能源的对外依存度达到 72%。在印度的能源消费结构中，进口能源所占比重较大，据 EIA 预测，未来几年印度对能源进口的依赖仍将继续上升，其他新兴经济体也显示出对能源的强劲需求。在传统工业国家的能源需求保持稳定，新兴经济体的能源需求不断攀升的双重作用下，国际能源消费中心开始向东转移[①]。

5.1.3 21 世纪国际能源格局变化对中国对外能源合作的影响

当前国际能源格局的深度调整对中国对外能源合作的既定目标、实现手段、合作方式、指导思想等产生了一定冲击。从我国形势看，在党的领导下，我国实现了第一个百年奋斗目标，迈上了全面建设社会主义现代化国家新征程，实现中华民族伟大复兴进入了不可逆转的历史进程。从行业态势看，全球能源版图深刻改变，产业重构加速演进，绿色低碳和数字技术成为驱动变革之双翼，一系列重要转折点接踵而至。2025 年前后，我国成品油需求将达峰；2030 年前，全球石油需求将达峰，非化石能源消费占比可能首超石油、天然气的占比，我国将实现“碳达峰”，国内炼油规模逼近产能“天花板”，主要化工产品产能出现全面过剩。这些必将带来产业格局、市场格局的深度重构。具体如下：

首先，改变了中国对外能源合作的既定目标。一直以来，中国对外能源合作的传统目标是获得充足的能源进口供应。特别是自 1993 年后，中国成为能源净进口国，国内的能源供应无法满足迅速发展的经济需要。由于中国进入国际能源领域较晚，世界传统工业强国已然与政权稳定、经济发展较为成熟的资源国建立了长期、稳定的能源贸易联系，在易于开采的石油区块建立完整的产业链，占据了资源国能源市场的主要份额。中国要想在这些资源国取得能源合作的突破性进展难度极大。面对上述困境，中国只好另辟蹊径，尝试与苏丹、俄罗斯、伊朗、委内瑞拉、安哥拉等资源国开展大规模能源合作，从上述资源国进口的能源占全部能源进口总额的比重较大。另外，从上述国家进口能源，运输距离较长，运输路线途经多个易受封锁的咽喉性海峡，运输安全堪忧。

这种现状造成中国的能源安全存在相当的隐患。目前，中国的能源进口主要依托部分能源生产大国，能源运输通道安全系数低、能源消费结构不合理等问题仍然存在。2023 年中国能源的对外依存度仍然过高，能源进口渠道多元化、降低能源对外依存度，成为需要尽快解决的议题。恰逢此时，国际能源格局迎来深度调整，美国在能源领域的技术革命不仅使其实现国内能源的自给自足，还逐渐打破中东地区对国际能源生产的单极化供应趋势，引发能源消费格局以及石油价格的连锁变动。

鉴于此，中国对外能源合作的目标势必进行调整。国际能源格局的变化使中

① IEA sees global gas demand rising to 2022 as US drives market transformation，International Energy Agency，13 July，2017，https：//www.iea.org/newsroom/news/2017/july/iea-sees-global-gas-demand-rising-to-2022-as-us-drives-market-transformation.html.

国政府意识到，通过技术创新提高国内能源的利用率，是降低能源对外依存度的根本途径，是提升中国在国际能源领域话语权的重要工具，单纯依靠“走出去”战略购买海外油气资源已无法适应新时代国家的经济发展需要。自十九大以来，习近平同志相继提出“加快建设创新型国家”“科学技术是第一生产力”“创新是引领发展的第一动力，是建设现代化经济体系的战略支撑”等重要战略思想。党和国家对科学技术的重视也促使中国调整能源合作的实现目标，并使能源合作的指导思想、实现手段等随之改变。

其次，改变了中国对外能源合作的实施思路。在既往的中国对外能源合作中，中国通常与资源国进行一对一合作，采用自上而下的合作路径，由双方首脑率先接触，确定合作意向，两国政府就合作框架进行谈判，谈判成功后进入实施阶段，形成不同的实施方式。受行为主体以及商业化程度不同的影响，各种能源合作方式呈现出独特的表现形式。待两国的能源合作进入稳定的运转轨道后，政府会根据情况决定是否介入具体的实施过程。国家援助框架下的能源合作、以投资换能源方式都是传统能源合作思想指导下形成的合作方式，能帮助中国迅速占领资源国的市场份额，但排他性较强，极易引起域外大国的不满，甚至给中国造成潜在地缘政治风险。

在新的能源合作战略目标指导下，中国的能源合作发展思路应更加注重合作，倡导开放共赢，变竞争对手为合作伙伴。在习近平外交思想的指导下，中国的能源合作有了新思路和新举措。“一带一路”倡议在世界范围内引起极大反响，很多国家积极响应，愿意与中国一道探索合作新形式。“一带一路”倡议以“政策沟通、设施联通、贸易畅通、资金融通、民心相通”为主要内容，旨在打造“一带一路”沿线国家政治互信、经济融合、文化互容的利益共同体、责任共同体和命运共同体。经过多年的实践，在“一带一路”伟大倡议引导下，中国和一百多个国家间的经济合作正在蓬勃发展。

其中，构建能源共同体、市场投资方式均是在“一带一路”倡议指导下形成的合作形式，与传统合作方式相比，能源共同体、市场投资方式兼容性更强。通过共同参股、技术分成、地区间合作等形式，中国将能源领域的竞争对手变为合作伙伴，不仅能形成技术互补，帮助中国学习先进的管理经验和技术，还可以减少某些大国对中国的敌意，改善中国的地缘政治环境。

再次，改变中国对外能源合作的实施手段。中国对外能源合作的传统实现手段通常针对资源国的实际情况，采用一种合作方式。例如，20 世纪 90 年代中期中国同苏丹的能源合作采用的国家援助框架下的能源合作模式，2003 年中国同安哥拉的能源合作采用的以投资换能源模式。然而，面对国际能源格局的不断变化，单一的能源合作方式既无法实现中国多元化的能源合作战略目标，也无法满足资源国的经济发展需要。

2010 年以后，中国倾向于将能源共同体与市场投资方式同时运用。一方面通过组建能源共同体，将中国的竞争对手变为合作伙伴，降低恶性竞争带来的负面效应；另一方面也可以通过更为规范、透明的市场投资方式，提升中国企业的国际竞争力和国际化经营水平。在此过程中，中国企业与西方能源公司加强沟通，对标先进，形成良性竞争氛围。这种实施思路的变化在中国同安哥拉的合作中表现明显。2007 年后，中国企业已帮助安哥拉完成基础设施的重建工作，加之此时的国际油价不断走高，能源禀赋充足的非洲国家在能源合作谈判中的话语权不断提高。安哥拉政府执行以投资换能源模式的意愿不够强烈，给予中国石化的油田区块、税率以及管理费上的优惠大幅降低，直接导致中国石化在安哥拉的投资回报率直线下跌[①]。鉴于此，中国开始优化升级与安哥拉的能源合作方式，石油不再作为两国能源合作的质押物。同时，针对安哥拉政府倾向于引进外资技术，开采其深海油气田的偏好，中国政府与欧洲能源公司一道，组建合资公司，共同开发安哥拉的深海油气田，形成风险共担、技术共享、互利共赢的良好局面。

最后，中国对外能源合作面临的不确定因素增加。面对国际能源格局可能发生的重大变革，中国对外能源合作中的不确定性因素增加。鉴于美国已然在国际能源格局的调整中占据有利地位。未来，美国极有可能加强对国际能源市场的影响控制，通过技术限制、技术封锁，甚至发动科技战争等方式，降低中国的经济发展增速，威胁中国的能源安全，限制中国全面发展。目前，美国试图通过增加向中国出口液化天然气，缩小贸易差额，而中国希望美国放宽对新技术领域出口的限制，美国特朗普总统在 2018 年 3 月发起了中美贸易战。面对美国咄咄逼人的态势，中国既要坚决维护国家利益，又需沉着应对，妥善处理，中美之间的任何举动都可能对世界能源格局的走向造成影响。

随着美国在国际能源领域中的地位上升，欧佩克等世界重要能源供应组织的地位和存在均受到挑战，石油定价体系的主导权归属尚不明朗。既得能源利益集团与新兴能源大国之间的利益矛盾不可避免，局部地区爆发冲突，甚至战争的风险增加。俄乌冲突、巴以冲突背后均隐含着能源利益博弈的影子。非洲、南美等地作为传统工业国家与新兴经济体争夺的重点地带，矛盾容易激化。为此，中国须提前布局，积极应对国际能源格局变化所带来的挑战。

---

① 金正昆，张宇炎．中非能源合作方式分析［J］．广西社会科学，2018（7）：152.

5.2 21世纪初中非能源合作所面临的制约因素

2010年以后，国际能源格局正在发生深刻变化，给中国对外能源合作的既定模式带来巨大冲击，制约着中非能源合作的蓬勃发展。2010年以后，中非传统合作方式受到一定程度的限制，投资前景、回报率等不如预期。主要表现为非洲部分资源国政治动荡频繁出现，中非既有能源合作模式对本国利益的保护不足；非洲资源国在合作过程中的风险防控能力不足；其他大国的恶性竞争干扰了中非的正常能源合作；等等。造成上述问题的根本原因是既有的能源合作模式与合作双方的利益需求匹配度不一致，契合度降低，单一的能源合作模式已无法满足当前中非能源合作的战略需要。

上述困境促使中国调整能源合作的既定思路，优化既有的能源合作方式，探索新的能源合作方式，以应对不断变化的国际能源形势，达到保护国家能源供应安全、促进社会经济发展的根本目的。受国际能源格局调整的影响，中非能源合作也需要转型与发展。近年来，非洲部分国家极端民主主义势力抬头，某些大国频频抹黑中国的投资行为，中非能源合作遭遇一定冲击。这种现象会对中国对外能源合作产生怎样的影响？中国都采取了哪些应对措施？本节将进行分析。

5.2.1 非洲部分资源国政治动荡频繁

由于部分非洲国家政局动荡，潜在的政治风险会对中非能源合作带来一定的变数。非洲国家政府的更迭带来的负面效应是，新任政府可能会撕毁前任政府签署的协议[①]，给中国在非洲的能源战略布局和投资造成一定的损失。因此，在设计中国对外能源合作战略时需考虑更多因素。中国应充分利用中非之间良好的政治关系，与非洲国家建立长期能源合作伙伴关系，从而使中国获得稳定的能源供应渠道，帮助本国企业占据一定的非洲能源市场份额。从长远看，这对优化中国能源进口结构，实现“走出去”战略具有重要意义[②]。

然而，由于非洲国家的民主化进程尚处于初级阶段，有很多国家仍处于事实上的权力高度集中统治之下。这种政权的长处是政府的执行力较强、办事效率较高，权力高度集中的国家政府有能力与其他国家进行大宗能源以及其他各类经贸合作。但是，这种国家政权的缺点也显而易见。领导人的一言堂现象较为普遍，国家与国家之间的交往极易受领导人的个人好恶影响，很多国有企业以及政府要

① 参见附录四：对北京大学刘海方副教授的访谈，问题1。

② 查道炯．中国石油安全的国际政治经济学分析［M］．北京：当代世界出版社，2005：20.

职均呈现家族式统治和管理特点，政治权力往往集中在领导人手中，权力未能得到有效的制衡，缺乏系统化的制度监督约束掌权者的行为。权力的集中会造成既得利益集团垄断能源开发以及炼化等利益集中的领域，以期攫取巨额利益。在巨大的权力和经济利益诱惑下，其他利益集团和政治团体会为了争夺这种巨额利润而不惜一切代价，甚至诉诸武力。一旦非洲国家政局变动，新政权很有可能撕毁前任政府签署的国际协定。给中国在该国的投资带来无法预知的损失。

非洲国家的政治风险高，是由于这一地区的民主化进程较短，民主发展程度较低，爆发内乱的概率较高。由于非洲国家缺乏民主政体应有的表达政治言论和参与政治生活的渠道，一旦国内反对派获得海外政治、经济以及武装支持，政治派别之间往往倾向于诉诸武力，容易爆发大规模流血冲突。在安哥拉 30 年的内战中，安解阵和安人运这两个安哥拉内部势力相对较强的政治派别背后均有当时的世界超级大国——美国和苏联的支持。持续 30 年的国内战乱极大地影响了安哥拉的经济发展和基础设施建设，能源产业也处于百废待兴的状态。

在这种态势下，中非能源合作存在较高的政治风险。一旦中国支持的政治力量得势并取得斗争的胜利，中国与该国开展的能源合作将会变得十分顺畅。反之，一旦反对势力上台，中国不仅不容易得到公平的合作机会，还可能影响之前与该国前任政府签订的相关贸易协议，中国企业已经在建的项目均可能遭到撤换，前期投资可能会遭到巨大损失。

中国和利比亚的能源合作具有良好的发展前景，对保障中国的能源安全、优化能源进口结构具有积极作用。21 世纪初，中国能源企业开始大规模进入利比亚进行能源投资建设，以期获得经济利益。据日本经济新闻报道，中国石化已取得利比亚政府同意，要投资 30 亿美元建一个冶炼厂[1]。但中国企业和利比亚开展的能源合作，因为 2011 年利比亚动荡的政治环境，遭受了一定损失。

所以非洲国家的政治风险会使中国企业的前期巨大投资化为乌有，很多在建炼油厂项目不得不搁置、停工，企业损失巨大[2]。21 世纪初，中国企业纷纷在利比亚寻找商机时，未能关注潜在的政治风险，缺乏对当地政治局势的研判，也未能对利比亚爆发内战作出预测，更未采取有效手段提前规避风险，在利比亚内战爆发后，中国企业由于准备不足，未能及时撤资、关闭相关厂房，部分正在进行的中资项目遭到了抢劫、炸毁、掠夺，人员和资本损失惨重。

① China Oil Procurement Threatened by Africa Unrest. Nikkei English news（Japan），http：//e.nikkei.com/e/app/fr/gateway/rss_news.aspx?URL=/e/ac/tnks/Nni20110224D24HH586.htm.

② 参见附录四：对北京大学刘海方副教授的访谈，问题 2。

苏丹的南北分裂，也曾给中国－苏丹的能源合作蒙上一层阴影。虽然苏丹一直希望利用自身拥有的能源换取发展的动力，但西方能源公司出于对其政治局势的担忧，不敢轻易在苏丹进行大型能源项目的建设与投资。这对中国能源企业既是机遇又是挑战。自20世纪90年代起，中国石油进入苏丹与当地政府开展能源合作。在这个过程中，双方均获益良多。然而，出于对石油利益的争夺，苏丹国内的矛盾日益突出。2011年7月9日，南苏丹正式宣告独立。苏丹国土分为南北两个部分，北苏丹约占四分之三，南苏丹约占四分之一。但在石油储量上，苏丹南部石油储量占全国的80%，产量占全国的70%，输油管道、炼油厂和港口等基础设施却基本在北方①。苏丹南部与北部互相制约，南苏丹需要借助北苏丹的港口以及设施才能将石油转化为利润，而北苏丹则希望从南苏丹的石油份额中分一杯羹，两方都不愿意将自己的利益拱手让人，这是造成苏丹南北分裂的重要原因。南苏丹独立后，如何分配两国的石油利益是和平解决达尔富尔问题的关键。面对这一核心利益，南北苏丹皆态度强硬，不肯让步。时任苏丹总统巴希尔甚至威胁说："如果无法达成让苏丹满意的协议，苏丹将关闭输油管线，使南苏丹的石油无法运送出去②。"

面对苏丹的强硬态度，南苏丹也不甘示弱。一方面，南苏丹试图通过建设新的输油管线，途经肯尼亚、埃塞俄比亚、吉布提，实现绕过苏丹出口的目的。另一方面，自2012年起，南苏丹停止生产石油，不再让本国的石油经过苏丹的输油管道③。据南苏丹称，自2011年12月以来，苏丹以南苏丹未支付北方输油管道等设施的过境费用为由，直接从南苏丹出口的石油中扣留部分石油冲抵过境费。这些年，苏丹扣留的石油总价值高达8.15亿美元。针对苏丹的行为，南苏丹采取了强硬的回击措施。

在南北苏丹问题陷入僵局，关系紧张之时，中国政府吸取了利比亚的前车之鉴，提前与南北苏丹的主要政治派别保持沟通，尽量减少了中国能源企业的损失。中国政府迅速开展调停外交，派出高级使团进入苏丹进行调停，呼吁两方以和平方式解决问题。中国两任非洲事务特使刘贵今和钟建华大使多次率外交使团在两国开展"穿梭外交"，与双方领导人交换看法，劝说双方通过谈判解决问题④。与此同时，中国政府还应两方的要求，尽力提供相应的安保与财政援助，尽最大努力促使南北苏丹回到谈判桌前，维护苏丹的和平与稳定，维护中国企业

① 崔守军．能源大外交——中国崛起的战略支轴［M］．北京：石油工业出版社，2012：122.

② Kiir Says South Sudan will share some oil with North，Sudan Tribune，June 2011，http：//www.sudantribune.com.

③ 刘鸿武主编．非洲研究［M］．北京：中国社会科学出版社，2016.

④ 刘鸿武主编．非洲研究［M］．北京：中国社会科学出版社，2016：264.

在南北苏丹的能源利益。

在南苏丹独立后，中国和南苏丹关系发展迅速，双方积极沟通，保持密切接触，高层领导人互访频频。南部苏丹领导人萨尔瓦·基尔分别于独立前的 2005 年、2007 年以及独立后的 2012 年访华，这为两国消除不安和发展两国关系提供了良好的契机。因此，在设计中国非洲能源合作的路径时，应提前评估政府的政治信用，并对可能遭受的信用背叛加以预防，防范潜在的政治风险。

5.2.2 非洲资源国在合作过程中风险防控能力不足

由于非洲资源国缺乏足够的风险防控能力，会给参与中非能源合作的能源企业带来投资风险。如果应对不当，极易影响企业的投资热情，不利于中非能源战略的长远布局和实施。

一方面，由于非洲资源国经济未能实现多元化，导致其无法应对突如其来的金融风险。目前非洲国家的经济发展模式较为单一，经济水平尚处于初级阶段，经济结构较为脆弱，抗风险能力较差，也未能将有限的资金转化为生产力。多数非洲国家经济体制不完善，法制体系不健全，往往容易产生汇兑风险和较为现实的征收风险——蚕食式征用风险[①]。

在中国－安哥拉能源合作中，中国虽然帮助安哥拉兴建了大量的基础设施，但安哥拉并没有借此机会盘活资金，发展经济。大部分非洲国家仍然主要依靠出售石油等初级资源来获取资金，未能掌握炼化一体化、裂解炉等核心技术，因此本国能源的附加值未能得到提高。而非洲国家因为购买能源获得的资金，基本被用于投资铁路以及货运等领域，非洲国家政府对制造业、第三产业以及高科技产业重视不够，投入不足，造成这些产业发展水平较低。进而影响了这些国家的还贷能力，一旦面临全球性金融危机或者全球油价走低等情况，非洲国家恐怕很难规避风险，容易引发新一轮债务危机，从而为中国增加财政负担[②]。这是中非能源合作的短板之一，如何通过外交手段规避金融风险，降低因为非洲国家自身经济水平低下而可能对中国造成的不利因素，需要设计合理的中国对外能源合作战略，力争做到趋利避害，尽可能降低潜在的投资风险。

另一方面，由于非洲国家管理手段单一，无法及时解决两国合作进程中出现的问题。在能源项目的招投标环节，受非洲国家的市场经济体制不完备、政策制定能力不足等因素影响，中国能源企业在非洲经常遇到哄抬价格、投标程序混乱

---

① 何琬，郑迎迎．中国与非洲的石油贸易与合作［J］．国际经济合作．2007（11）：15.

② 参见附录一：对原中华人民共和国驻南非共和国特命全权大使林松添的访谈，问题 4。

等问题。这为中国企业在非洲开展的正常经营活动增添了不必要的成本。此外，非洲国家由于法制体系不健全，信息不透明，容易滋生腐败。中国企业为了获得项目、顺利开展施工建设，甚至需要和当地政府官员建立良好的私人关系，企业需要费时费力打通关节，以便可以按进度完成施工，不增加项目成本。非洲国家的人民受教育水平较低，部分非籍劳工不懂汉语、英语等沟通语言，这使中国在当地进行投资时，面临沟通不畅的难题，也直接影响工期进度。非洲资源国也无法及时帮助中国企业解决施工中随时出现的问题。例如，安哥拉缺乏技术人才，工人素质较低，只能完成最基础的工种。中国公司在安哥拉修建高速公路，需要按照中国标准进行施工建设，这使中国企业不得不从本国雇用技术工人，这给企业增加了人工成本。

受上述原因的影响，非洲资源国政局的动荡增加了中国企业的投资损失，风险防控能力的不足增加了中国企业在非洲经营的成本。在这两个问题的共同作用下，部分中国企业的利润达不到预期，企业继续参与非洲能源合作的动力减退，不利于中非能源合作中长期发展战略的有效实施。对于中国能源企业来说，如何获得经济利润是决定其企业行为的根本动因。当企业在非洲的能源投资无法获得预期收益时，企业不会做亏本买卖[①]。从长远看，中国企业参与中非能源合作的动力如果有所减弱，不利于中非能源合作的转型升级与蓬勃发展。

5.2.3 某些大国恶性竞争所产生的负面影响

随着中国与非洲能源合作的不断扩展，围绕巨大的能源利益，其他能源消费大国与中国在非洲能源领域不可避免地展开激烈竞争。其中部分西方国家、个别新兴市场经济大国甚至会对中国在当地的投资进行恶意干扰，以逼迫中国退出非洲能源市场。西方国家不愿放弃在非洲的既得利益，新兴市场经济大国也将目光瞄准非洲巨大的能源市场。在和这些国家的竞争中，中国并不占据先机。由于中国的能源公司进入国际能源市场较晚，为迅速打开非洲市场，执行国家的“走出去”战略，中国能源公司不得不进入一些西方石油公司不愿进入的资源国，（如苏丹、利比亚、安哥拉等），通过与这些国家建立长期能源合作关系，从而吸引其他非洲国家与中国合作。

随着中国成功和此类国家建立起互利互惠的能源合作关系，并能进行正常的开发活动之后，西方能源公司也试图进入以分一杯羹。中国－安哥拉能源合作通过平等互惠的经贸合作，使中国和安哥拉均获得理想的收益。这一成功合作范

① 参见附录五：对中国石化国际勘探公司管理人员的访谈，问题 5。

例，在非洲以及世界均激起较大反响。然而，这些对中非人民和世界经济发展有利的合作项目，引起了西方国家的不满。因为这些西方国家视非洲为自己的“势力范围”和“后院”。西方国家认为自己在非洲的能源利益受到挤压并迁怒于中国，夸大了中非能源贸易存在的负面影响①。

西方国家散播中国在非洲的能源贸易模式是“新殖民主义”，是中国在通过新形式掠夺非洲的资源。美中经济与安全评估委员会认为：中国已经和受美国关注的国家寻求能源合作。中国不断增长的能源需求，如果再加上其快速扩展的经济,将引起美国在经济和安全上的担忧②。甚至有些批评者认为中国在苏丹的石油投资阻碍了国际社会解决达尔富尔危机的努力③。中国巨大的能源需求会影响国际石油市场，不利于稳定国际油价和石油供给④。

以美国为代表的西方国家，甚至会直接干涉中国能源企业在非洲资源国的合法经营行为。例如，中国石化某公司在苏丹南部进行正常的石化勘探工作时，美国使馆工作人员会直接对中国石化的经营行为进行指责甚至阻挠⑤。

而某个大国对中国同非洲能源合作的敌视行为主要源于其担心中国威胁其海外能源利益，担心随着中国在非洲能源投资规模的逐渐扩大，会挤压其在非洲的战略布局和发展空间，因此，采取各种手段对中非能源合作进行封锁。此外，该大国通常会在非洲国家散布对中国不利的言论，阻挠中国与非洲开展的能源合作。加上非洲国家民粹主义盛行，有些非洲人受片面言论的影响，狭隘地认为中国人是入侵者，来非洲是为了掠夺资源，排斥中国来非洲发展。随着中国在非洲能源利益的不断扩展，这种怀疑与日俱增⑥。以上种种言行使得部分非洲国家对与中国发展能源合作心存顾虑，担心中国会步西方国家的后尘，变相掠夺非洲资源。少部分不了解中国的非洲国家甚至担心中国会借投资之机，侵害其领土主权，干涉非洲国家的内政，影响其经济发展。因此，少数非洲国家对中国企业在非洲的投资存在误解，并不十分欢迎中国来进行建设投资。

该大国通过散布对中国的不利言论以及直接干预中国在非洲的生产经营活动等方式，阻碍中非能源合作。近些年，中国同该大国在非洲能源领域展开的争夺愈演愈烈。若不能妥善处理，不仅会阻碍中国在非洲获得既定的能源利益，甚至还可能威胁中国同周边国家的关系，不利于中国维护和平的周边环境。

---

① Ian Taylor. China’s New Role in Africa［M］. Lynne Rienner Publishers，2009：179.

② U.S.–China Economic and Security Review Commission. Report to Congress［J］. 2004：11.

③ Erica S Downs. The fact and fiction of Sino–African Energy Relations［J］. China Security，2007，3（3）：58.

④ David Zweig，Bi Qianbai. China’s Global Hunt for Energy［J］. Foreign Affairs，2005，5（84）：37.

⑤ 参见附录五：对中国石化国际勘探公司管理人员的访谈，问题 10。

⑥ Ian Taylor. Unpacking China’s Resources Diplomacy in Africa［J］. China in Africa，2007，35（10）：1–34.

中国同日本、印度以及韩国在非洲也存在一定程度的能源竞争，为获得能源利益，中日韩印在非洲的贸易摩擦频频，在一定程度上损害了东南亚地区的和平与稳定。2004 年末，据日本媒体报道，日本防务省修改了日本全球安全战略，促使日本修改安全战略的部分原因是，日本认为，中日的能源摩擦一旦升级可能会导致中日爆发战争冲突[①]。中国的石油公司同印度石油公司以及韩国石油公司在非洲存在恶性竞争[②]。印度作为新兴市场经济大国，能源消费能力也不容小觑，对石油的进口依赖程度较为严重。印度能源公司最初在非洲的贸易投资集中在东非地区，主要投资贸易以制造业和服务业为主，近些年印度石油公司开始在非洲资源加工领域进行投资[③]，与中国能源公司的投资业务开始出现重叠部分，中印两国在非洲的能源利益竞争日趋激烈，贸易摩擦不断。中国石化同印度石油天然气公司在 2004 年竞标安哥拉第 18 区块时出现了摩擦；中国海洋石油集团有限公司同印度石油天然气公司在尼日利亚也出现摩擦。为支持本国石油公司，印度石油天然气部还经常对与中国政府友好的国家实施挑衅性的外交政策[④]。印度作为新兴市场经济大国的代表之一，同中国在世界能源市场出现的摩擦并不是个案。中国在非洲获取能源时，如何处理好同其他大国竞争带来的风险是未来中非能源合作需要考虑的主要问题之一。

综上，虽然 21 世纪中非能源合作取得一定成效，但是仍然存在风险和挑战。在中非能源合作的过程中，非洲资源国政局不稳、风险防控能力不足以及中国同其他大国的恶性竞争为中非未来的能源合作增添一定变数，唯有正确面对、积极应对，才能更好地推动中非能源深入合作，使双方的合作朝着积极的方向发展。

5.2.4 关于中国既有应对措施的分析与思考

鉴于上述问题，中国政府从明确管理流程、丰富能源的供应渠道、提升中国战略影响力以及发展清洁能源这四个方面入手，多效并举，优化中国的能源消费结构。

首先，中国政府通过机构改革的方式加大对能源合作工作的管控力度。自 1993 年能源工业部被撤销以后，中国政府并未设立一个统一的管理机构总体负责与能源有关的事务。随着能源合作、能源安全在国家对外战略中的地位不断上

① David Zweig，Bi Qianbai. China' s Global Hunt for Energy［J］. Foreign Affairs，2005，5（84）：31.

② Erica S Downs. The fact and fiction of Sino-African Energy Relations［J］. China Security，2007，3（3）：55.

③ Peter Kragelund. Chinese Drivers for African Development? The Effects of Chinese Investments in Zambia［M］. Adonis & Abbey Publishers Ltd，2007：169.

④ 孔博 . 解读中国国际石油政策——从国外看中国的石油“走出去”战略［M］. 北京：石油工业出版社，2012：129.

升，中国及时进行机构调整，明确分工，加强对能源合作的管理。2005 年 5 月，中国成立国家能源领导小组；2008 年 8 月，国家能源局挂牌成立；2010 年 1 月，成立国家能源委员会。国家能源局负责研究拟订国家能源发展战略，审议能源安全和能源发展中的重大问题，统筹协调国内能源开发和能源国际合作的重大事项[①]。通过设立上述机构，中国政府对能源的管理手段更加丰富，管理效果更加明显，国家的能源合作战略得到了有效贯彻落实。

其次，通过多元化战略丰富能源的供应渠道，使中国可以获得长期、稳定的能源供应。其中，和俄罗斯在能源领域的突破性合作是中国对外能源合作的重要成果。由于中国的能源进口过于依赖中东地区，为丰富能源进口来源，自 21 世纪以来，中国致力于深化同俄罗斯的能源合作关系，并取得了可喜的进展。中俄两国于 2014 年 9 月起开始共同建设跨境输油管线，即安大线[②]。安大线的建设能丰富中国能源进口来源地，有效保障能源安全。中国获得石油供应的主要来源国是中东国家和地区，21 世纪以来，中国继续与中东地区国家保持良好的政治关系，鼓励中国的能源企业在中东国家建立炼厂，以减少石油运输成本。例如，中国石化工程建设有限公司负责设计开发与沙特国家石油公司合资建设的沙特延布炼厂项目已经完成，该项目可以深化中沙两国的能源合作，带动下游产业发展，提高当地就业水平，也可以使中国获得稳定的石油供应。此外，中国企业在苏丹、尼日利亚、安哥拉等非洲国家以及伊朗、伊拉克等中东国家油气开发领域的合作规模也日益壮大。过去几年间，仅中国石油海外业务就先后中标和签订 30 多个油气项目。2010 年中国石油海外油气作业量已达 9673 万吨[③]。

再次，通过积极参与多边外交提高中国在能源领域的影响力，加强国家能源安全。国际能源署和欧佩克石油输出国组织是国际能源两大传统组织机构。中国不仅积极参与上述组织的活动，加强中国在其中的话语权和影响力，还通过多边能源合作机制拓展同非洲的能源合作外延。中国通过举办中非合作论坛以及中非部长级会议，同非洲合作国及时就能源合作存在的问题进行沟通，深化、拓展能源合作伙伴，这对实施中非能源合作战略有极大的助力。

最后，长远来看，中国政府深知要逐渐减少对化石能源的依赖，只有这样才能从根本上优化能源消费结构。依靠科技进步，发展清洁能源，才能从根本上调整能源消费结构。目前，以煤炭、石油和天然气为代表的化石能源不仅污染环境，而且储量有限，无法长久满足中国日益增长的能源需求。据 2008 年数据统

---

① 数据来源：国家能源局网站，http：//www.nea.gov.cn/gjnyw/.

② 吴焰，曲颂 . 中俄能源合作驶入快车道［N］. 人民日报，2017-8-4（3）.

③ 王海运，等 . 能源合作概论［M］. 北京：社会科学文献出版社，2012：36.

计显示，1990—2006 年期间，中国贡献了全球煤炭消费增量的 67%[①]。然而，由于清洁能源生产成本高、技术水平落后、政府相关配套政策不完善等因素的制约，使得中国的清洁能源发展进程缓慢。

面对清洁能源发展的局限，中国政府已加大投入力度，完善相关政策、法律，鼓励科技创新，大力发展生产清洁能源的相关配套设施，降低生产成本，提升清洁能源的利用率。国际先进国家的经验表明：从空间发展来看，可再生能源在世界各国的能源发展、保障能源安全、应对气候变化、解决能源贫困等问题上发挥了重要作用[②]。中国西部地区经济发展较为落后，但有丰富的清洁能源和可再生能源，未来可通过技术手段将我国西部的清洁能源进行转化利用，可再生能源的利用率会得到极大提高。这不仅可以减轻化石能源的供给负担，还可以扭转中国一直以来面临的能源供应短缺的问题。

虽然中国政府从四个方面加强应对目前能源合作存在的短板，然而既有应对措施仍存在一定局限。具体表现为五个方面：

第一，未能有力回击部分西方国家对中国的无端指责。事实上，非洲能源和资源的开采和销售主要由西方国家掌控。中国从非洲进口的石油占非洲出口总量的 13%，而欧洲和美国的进口总量达到了 30%。此外，和美国、欧洲相比，中国在非洲石油领域的投资只占世界在非洲投资总额的 1/16，美国和欧洲都比我们多很多[③]。事实证明，西方国家对中国的指责毫无根据，“新殖民主义”之说更是无稽之谈，中国本着平等互利的原则与非洲国家发展良好的经济合作关系，却被污蔑为掠夺非洲资源，歪曲事实，甚至破坏了非洲人民对中国的良好印象。

然而面对无端指责，中国的回应往往不够及时、有力。中国并未公开中非之间的能源贸易往来数据，给西方媒体留下了指责中国的借口，近些年，西方媒体有意传播，“新殖民主义”的帽子似乎总是在中国头上萦绕。

第二，未能在国际能源市场掌握足够话语权。中国虽然着力提升在国际能源组织中的地位，但碍于进入国际能源市场较晚，话语权不够、影响力不足等问题仍制约着中国对外能源合作的发展，石油定价权、交易货币选择权等关键领域仍被传统工业强国、OPEC 等组织攥在手里，导致早年间中国企业在非洲开展能源合作时，无法用人民币进行结算，经营成本会随着利率、国际油价的上浮而上涨。

---

① BP. Statistical Review of World Energy 2008［R］.

② 魏一鸣，等 . 中国能源报告 2014：能源贫困研究［M］. 北京：科学出版社，2014：160.

③ 杨洁篪 . 美国和欧洲在非洲石油领域的投资比中国多得多［R/OL］.［2019-3-6］. http：//news.hexun.com/2010-03-07/122884633.html.

第三，未能降低清洁能源的利用成本。虽然中国政府加大发展清洁能源的力度，但目前国家拥有的自主开发的专利技术有限，无法大规模降低清洁能源的使用成本。同时，政府对清洁能源的引导力度有限，未给予企业足够的补贴，大部分企业对使用清洁能源顾虑重重，2018 年，中国使用的非水清洁能源的比例为 34.4%。化石能源的使用比例仍占近七成。预计在未来 20 年，清洁能源仍无法取代传统化石能源在国民经济中的位置，短期内，中国仍需依赖化石能源发展国民经济。

第四，未能有效降低化石能源对单一地区的依赖程度。虽然中国政府通过加强与“一带一路”沿线国家广泛开展基础设施建设，丰富能源运输线路。大力发展与俄罗斯、非洲等国家和地区的能源合作，力图减轻对中东的能源进口依赖，但是效果不明。中国从中东地区进口的能源量仍然较大，尚未彻底改变中国能源进口结构过于单一、运输安全稳定性低的问题。2017 年，中国原油进口国的排名依次为：俄罗斯（5979 万吨）、沙特（5218 万吨）、安哥拉（5042 万吨）、伊朗（3115 万吨）、阿曼（3100 万吨），上述五国作为中国原油的主要进口国，占据中国原油全部进口量的 54%。其中，中东国家仍然是中国最主要的原油进口来源地区，中国从中东地区的原油进口量约占全部进口量的 45%[①]。中东局势的安全与稳定对中国的能源供给仍然十分重要。

第五，中非能源合作在面对国际能源格局，特别是国际油气供需格局的变化，未能及时优化既有能源合作模式，以适应新的形势。2010 年以后，国际能源格局正在进行深刻调整，新的油气供需格局尚未建立，既有供需格局已被打破，国际能源格局的变动对中非传统能源合作造成了影响。2000—2010 年，中国与非洲的能源合作内容以传统油气合作为主，路径是通过国家的政策支持，在能源获取、资金支持、基础设施建设、援助配套、银行优惠贷款四个方面进行有机结合，探索出一种执行力高、见效快的中非合作模式。

然而，随着国际能源格局的重塑，中非双方的利益需求出现部分变化，既有能源合作模式与双方的利益需求存在一定程度的不匹配。表现有二：其一是双方对发展清洁能源的需求提高，既有的合作模式主要围绕传统油气合作设计，未能满足中非双方新的合作需要。其二是部分非洲资源国对基础设施的建设需要接近饱和，继续将基础设施以及援助配套建设作为促进中非能源合作的砝码，对非洲国家的吸引力在减退。上述问题若不及时解决恐将影响中非能源合作的继续深入发展。

---

① 首破 1000 万桶大关！中国石油进口再创新高［R/OL］.［2019-5-20］. http：//www.sohu.com/a/281274270_591132.

因此，结合中非能源合作存在的短板以及既有应对措施存在的局限，之后提出对策建议。

5.2.5 中非能源合作的发展前景

未来中非能源合作仍有可持续的发展空间和潜力。传统化石能源仍有挖掘的潜力，非洲很多国家石油、天然气禀赋充沛。未来，中非可以探索开展天然气，特别是液化天然气（LNG）项目的合作。目前，由于技术水平有限，很多非洲国家的天然气未能得到有效的开发利用。尼日利亚作为非洲能源大国，已探明天然气储量达到 5.25 万亿平方米，目前已开发量仅占总储量的 12%。为大力拓展天然气资源勘探、开发和利用，改善目前国家经济过于依赖石油的现状，2007 年，尼日利亚提出了天然气总体规划战略，旨在更好地利用外资，开发本国的石油与天然气，促进国家经济的转型升级[①]。对尼日利亚而言，中国是其理想的合作伙伴之一，因为中国既有获得能源的需要，又具备开发能源的技术和项目管理经验，加之国家政府的大力支持，为两国顺利开展能源合作提供了资金保障。

此外，为顺应国际能源的发展趋势，中非应重点在清洁能源领域深化互信、合作。传统化石能源总有消耗殆尽的一天，为保证经济的可持续发展，改善环境污染，中国已经将调整能源消费结构，大力发展清洁能源列入“十三五”能源规划，大力发展高效、清洁、低碳能源。未来，中非能源合作虽然需要在方式、路径等层面进行调整，但双方仍然具备深化合作的空间。

未来中非能源合作应聚焦可再生能源领域，加大技术创新与投资力度。非洲拥有品种丰富的可再生能源，蕴藏量巨大，绝大多数资源可以进行大规模商业化开发。这为中非可再生能源的发展奠定了基础。发展清洁能源也是非洲国家的希望，目前仍有 65% 的非洲国家依赖传统化石能源，这使大多数非洲国家的化石能源供不应求，环境污染严重。中国作为可再生能源的制造大国，不仅具有成功的生产经验，也有能力为非洲提供可再生能源的生产技术，帮助他们走上低碳环保的发展道路。

中国是非洲引进外资、发展能源工业、经济起飞的理想战略合作伙伴。中国作为新兴市场国家经济体的代表，相较于西方能源企业，中国企业的行动力更强、施工效率更高，有利于帮助非洲资源国快速获得发展所需的设施、技术、资金。这对于亟待摆脱落后局面的非洲国家来说异常重要。目前，虽然非洲市场的

---

① 陈会颖，等 . 世界能源战略与能源合作（非洲卷）[M] . 北京：知识产权出版社，2011：153.

外国投资数额在增加，但仍远低于非洲市场的需要[①]。未来，非洲国家需要继续扩大外国投资，招商引资为本国的发展服务。经过 21 世纪初期中国对外能源合作的不断耕耘，中非洲能源合作的道路已经开通，未来中非能源合作的开展将更加顺畅。中非能源合作仍具有相当大的发展空间。

5.3 中非能源合作的对策与建议

为促使中非能源合作持续在良好轨道上发展，中国需加强顶层设计，加深对非洲国家的了解，加大风险管控力度，使中非能源合作更好地服务于本国的战略利益。本节针对目前中非能源合作存在的问题以及遇到的挑战提出五项对策建议。

5.3.1 树立中非能源合作的正面形象

中国应加强宣传，定期公开中非能源合作的相关信息，这有助于及时有力回击西方部分媒体的无端指责，树立中非能源合作的积极形象。经过前文对中国和 53 个非洲国家开展的能源合作进行充分论证，中非能源合作并不是像西方媒体认为的那样，非洲国家未能从中非能源合作中获得益处，相反，经过大量真实的数据证实，中非能源合作为非洲国家提供了发展的第一桶金，帮助撬动了非洲部分国家的工业化进程。中国的企业在获取收益的同时，帮助非洲国家建立起了基本完备的工业设施和基础设施，并为非洲人民提供了宝贵的就业与培训机会，与此同时，中国企业在非洲注重发展公益事业，切实为当地人民带来了福祉与希望。恰恰是由于中国为非洲国家带来了实际的好处，才使越来越多的非洲国家选择与中国开展能源合作。

然而，中国在发展对非能源合作的同时，对国家形象的维护和宣传稍显薄弱。在中国 – 非洲能源合作的实施过程中，还存在某些国家招投标过程不透明、信息不公开等问题，这会给中国投资建设者造成一定的困难。21 世纪初，无论是中国还是非洲都没有系统公开数据。系统公开数据、投资流量信息不足，使学者了解研究中国和非洲具体经济合作模式的运行效果有一定困难。如果中国和与其有合作关系的非洲国家可以定期公开相关的经贸合作数据，将会有力回击无端指责，加强对中国 – 非洲能源合作的正面理解。

未来，中国应在不断探索全新的对非能源合作战略的同时，加强宣传，更有针对性地回应部分西方媒体的无端指责，为中国在非洲树立起负责任的大国形

---

① Giorgio Gualberti，Morgan Bazilian，Todd Moss. Energy Investments in Africa by the U.S.，Europe and China［J］. International Association for Energy Economics，Second Quarter，2014（6）：34.

象。中国应沉着应对不利言论，通过公开部分数据，以事实为依据，有针对性地反驳无稽言论。中国应留意潜在的不利言论，通过定期公开能源进口数据等方式，及时回击对中国的不利言论，改善中国的国际形象。

5.3.2 通过制度创新分散投资风险

在能源合作过程中，中国应探索进行制度创新，分散投资风险。未来，中国政府应加强市场调研能力和风险分析水平[①]。在21世纪初期中非能源合作中，组建能源共同体就是一种风险共担、规避投资风险的积极尝试。在21世纪初期中非能源合作实践中，中国企业积极寻求与其他国家能源公司组成联合投资公司或联合作业体，积极探索多种合作形式。发展能源共同体，这样可以有效缓解域外大国和中国的恶性竞争，变竞争对手为合作伙伴。随着中国在非洲能源合作的逐步深入，中国企业在非洲的能源投资份额逐渐增加，中国在非洲的影响力也逐步加深，不可避免地引起了同样力图获得非洲能源的其他大国的疑虑和担忧。印度等新兴市场经济大国和中国在非洲能源市场上摩擦不断。这种摩擦会随着两国综合国力的逐步提升持续存在。

面对此种态势，如果不以高度的智慧寻找合理的解决方式，极有可能损害中国在非洲的经济利益。组建能源共同体可以通过共同持股的形式，将更多的竞争对手转变为合作伙伴。这对于消除敌意，减少恶性竞争，深化中非能源合作具有重要价值。不仅如此，能源共同体的理念对资源国也有借鉴意义。例如，尼日利亚与邻国圣多美和普林西比共享的联合开发区可能潜在拥有多达140亿桶石油储量，尼、圣两国已同意按4∶6的比例对来自这些区块的收入进行分成[②]。这对于资源国减少投资成本，转移投资风险，提升本国经济利益具有启发意义。

能源共同体的理念也符合习近平外交思想中人类命运共同体和正确义利观的理念。习近平同志从2013年起多次在外交活动中强调在中国外交中要坚持贯彻正确义利观。中国作为负责任的发展中大国，有义务帮助贫穷的非洲国家，要在互利共赢的基础上实现共同幸福。在帮助落后的国家时，中国不能斤斤计较，唯利是图[③]。习近平外交思想对中非能源合作具有重要指导意义。党的十八大以来，中国政府对能源的重视程度与日俱增，习近平同志在讲话中多次提到能源安全的重要

① Lucy Corkin. Chinese Construction Companies in Angola : a Social Responsibility Perspective [J], Southern Africa, the Green Political Foundation, 2012 (3) .

② 童全生 . 尼日利亚石油与天然气工业概况 [J] . 中国石油和化工经济分析，2006 (9)：48.

③ 王毅 . 坚持正确义利观 积极发挥负责任大国作用——深刻领会习近平同志关于外交工作的重要讲话精神 [N] . 人民日报，2013-9-10.

性。能源合作在国家对外战略中的重要性稳步提升，中非能源合作作为中国能源战略的重要组成部分，对国家能源结构的调整、产业结构的优化调整均有重要意义。

总之，中非双方应秉持互惠互利的合作理念，在实践过程中及时进行经验梳理，优化制度创新，分散投资风险，减少恶性竞争，使 21 世纪中非能源合作步入新的阶段。

5.3.3 优化能源合作的运营方式

在中非能源合作项目的具体实施中，宜采用先进的管理经验，严格管理流程，切实做好事前预防、过程管控、事后总结。能源项目投资大、周期长，只有在项目实施的各个阶段严格把控，严密监控项目的流程，才能确保项目可以按期、顺利推进，完成既定的利润指标。在项目管理过程中，应借鉴国外先进的管理经验，由于中国能源企业进入国际能源市场较晚，在企业投资非洲能源项目时，可借鉴西方先进的管理理念和管理方法，在建设标准的制定上尽量与国际标准接轨，这对于中国企业提升国际竞争力大有裨益。

数字化、智能化管理，是中国提高能源工业管理效率、加强管理创新的发展方向，也是中国供给侧结构性改革的发展思路之一。面对国际能源形势的变化，初级、粗放型能源产品已无法满足国内外能源市场的需求，中国的能源工业应不断进行结构升级，淘汰落后产能，能源工业向全厂集成化和炼化一体化方向发展。随着能源工业体系的发展，中国应提升能源产品的技术含量，使之向高端化、定制化、全厂总流程优化、低温热利用、新能源、三废利用等方向发展。

在此过程中，桌面炼厂、专家远程支持诊断系统是提升能源工业管理效率的创新思路。通过开发智能化管理系统，工厂管理者可按照桌面炼厂的智能提示订货，研发、工厂设计人员可监测能源勘探开发、炼厂建设的进展，随时对出现的问题进行远程诊断。目前，中国石化已在上述领域积极开展管理创新，一旦形成完整、成熟、系统的管理创新体系，将减少从事低级工种的人数，有效降低人工成本，提高企业的盈利能力。

未来，中国可将掌握的智能化管理技术应用于对外能源合作中，提升能源合作的博弈能力，带动提高中国在能源合作谈判中的话语权。通过探索管理分成模式，帮助资源国降低管理成本，提高能源生产效率。

此外，中国还需完善劳动用工体系，对企业的经营成本进行合理把控。企业应严格控制人工成本，对企业的人工成本利润率、劳动生产率、企业增加值等核心指标做出准确分析和合理预测。通过完善劳动用工政策体系，全面推进契约化管理，控制总量，盘活存量，用好增量，畅通退出渠道，优胜劣汰，加大员工市场化流动力度，持续提升全员劳动生产率。建立以价值创造为导向、激励约束并重的市场化分配制度。让专业的人干专业的事，通过弹性薪酬分配机制提升员工的工作积极性。使中国在非洲的管理更加科学、合理，能更好地为项目的生产经营服务，此外，也应加强对当地员工的培训，提升其业务水平，更好地服务于合作项目。

5.3.4　主动争取国际合作支持

随着中国成为世界最大的能源消费国，已经与非洲多个资源国建立起密切、深入的能源合作联系，在非洲的经济影响力与日俱增。与此同时，世界其他主要能源消费国也加强了对非洲能源的争夺。中国与其他大国在非洲的能源竞争日趋激烈。为争夺某一能源项目，中国与其他国家确实存在恶性竞争现象。少数西方国家由此滋生了对中非能源合作的负面评价，中国在非洲的能源活动也受到了一定程度的干扰。

对此，中国应从几个层面争取国际支持。中国应继续提高本国的国际影响力，提升在国际能源格局中的地位。中国可通过发展双边或多边外交，积极参与国际能源组织的会议、活动等方式，在国际能源领域频频“露脸”，广为发声，与非洲等资源国加强沟通交流，减少猜忌和误会，增强互信，广泛争取支持。

中国还应加强布局，从长远战略规划入手，有针对性地增加对非洲国家的援助。埃塞俄比亚虽然没有中国需要的能源，但该国的首都是非洲联盟的总部，如学者范图・切鲁所言，对中国、印度等新兴经济体而言，埃塞俄比亚是进入非洲的门户，有利于它们扩展在非洲大陆的经济参与，并向其他非洲国家证明，它们与非洲的交往模式不仅限于“援助”，比西方模式更能给非洲带来好处[①]，形成示范效应，吸引更多的非洲国家与它们开展能源合作。

5.3.5　降低能源对外依存度

当前，新一轮科技革命和产业变革迅猛发展，国与国之间围绕科技制高点和高层次人才的竞争日益激烈，能源发展进入转型质变期，产业格局进入深度调整期。我国化石能源增长动力减弱，炼油市场增幅将明显放缓，新型煤化工业务存在诸多不确定因素，化工材料需求增长，高端新材料仍依赖进口。为保护能源安全，需要研究掌握新能源与传统能源节能降耗一体化融合发展的新工艺、新装备[②]。关键核心技术是难点、痛点，也是突破点、增长点。关键核心技术之所以

① 刘鸿武主编．非洲研究［M］．北京：中国社会科学出版社，2016：39.
② 张宇炎．能源勘察设计企业科技创新激励路径分析［J］．中国勘察设计，2022（11）：65.

“卡脖子”，就是因为它直接关乎产业发展甚至危及国家能源安全。为此，我们应加大对“卡脖子”技术的攻关力度，建立科研投入长效机制，加大对从事关键核心技术攻关团队的支持力度。

2022年，我国稳步推进能源科技自主创新，有力支撑能源绿色低碳转型。能源技术自主创新步伐稳健，水下油气生产技术体系与装备制造技术取得重大突破，超临界 CO_2 循环发电技术、变速抽水蓄能技术发展迅猛，新一代“人造太阳”创造运行时长新纪录，柔性低频输电、海上柔直输电技术迈向新台阶，海水电解制氢取得重大进展。未来，氢能制取和储运、长时储能、小型模块式反应堆、CCUS等技术领域将成为重要发展方向[①]。2022年7月29日，国家发改委、国家能源局印发了《“十四五”现代能源体系规划》，明确了“十四五”时期现代能源体系建设主要目标，包括能源保障更加安全有力、能源低碳转型成效显著、能源系统效率大幅提高、创新发展能力显著增强、普遍服务水平持续提升。

随着全球能源科技创新进入高度活跃期，可再生能源、非常规油气、核能、储能、氢能、智慧能源等一大批新兴能源技术正以前所未有的速度加快迭代，成为全球能源向绿色低碳转型的核心驱动力，推动能源产业从资源、资本主导向技术主导转变。未来的中国对外能源合作应通过科技创新提高国内页岩气、天然气、海水资源、可燃冰等能源的利用率，从根本上降低能源的对外依存度。能源技术创新在能源革命中将起到决定性作用，科技创新是能源行业发展的核心驱动力，率先拥有先进技术的国家可在国际能源博弈中占据先机。

因此，中国应坚持鼓励科技创新，通过提高自主创新能力降低能源的对外依存度。随着中国普光气田、元坝气田的发现，中国的天然气储量已位居世界第五；掌握天然气的净化技术，将有效提升国内气田的利用率，提高进入西气东输管网的总量，从而减轻天然气进口压力。丙烷脱氢是天然气净化过程中的核心技术，中国主要能源研究企业已大力投入进行实验，业已取得一定进展。

此外，中国近海有广泛的、可利用的能源开采物质。如果中国能成功开发，将从根本上改善能源对外依存度和运输安全。可燃冰、生物质能、海水资源利用、环保VOC治理也是未来国际能源技术发展的主要增长点。目前，国内能源企业提出了新的开发思路，即将沿海地区的海水与需要冷源的装置进行直接或间接换热，以更有效地利用海水资源。2017年，中国成功在南海海域开采出可燃冰水合物，奠定了可燃冰产业化发展的基础。环保VOC治理的核心议题是处理废水与废气，当前国际很多研究企业的研发思路是对排出的VOC进行回收处理，

① 电力规划设计总院编著. 中国能源发展报告2023［M］. 北京：人民日报出版社，2023.

中国的能源企业另辟蹊径，试图从源头减少 VOC 排放量，优化环保治理结构。

未来，中国可依靠市场竞争引导企业提升开发、使用清洁能源的积极性。作为市场经济国家，中国政府可以通过奖励开发清洁能源技术、保护专利权、发放清洁能源补贴等方法，降低清洁能源的生产成本，吸引企业使用清洁能源，从而扩大市场需求，逐渐使清洁能源在一定程度上替代化石能源。中非可以在清洁能源领域，通过政府担保的形式开展合作。中国企业参与非洲国家的基础设施建设，而非洲国家则以能源作为担保，偿还基建款项。例如，中国与安哥拉的石油合作以及中国和刚果（金）的矿产合作都是上述合作理念下成功施行的范例。中国可在某一非洲地区设立经济特区，通过规范化的市场运作，对当地人员进行培训，提高当地人民的技术水平，获得清洁能源。目前，中国与刚果（布）的能源合作就是按照此思路设计而成。

中国政府还可倡导低碳环保，转变居民的能源消费观。为此，中国政府需要将节能上升到基本国策的高度，健全节能法规，借鉴国外先进的节能经验。只有这样，才能满足中国不断增长的能源需求，减少能源浪费现象。为更好地将节能落到实处，应将节约资源上升到一个新高度，将“控制人口，节约资源，保护环境”作为新时期的基本国策①。2020 年实现提升非化石能源在一次能源消费中的比重，同时有效降低二氧化碳排放量②，浪费能源的行为将受到法律的制裁。

目前中国虽然有《中华人民共和国节约能源法》，但相关法律法规细节仍有待进一步完善，政府需加强监管，提高法律法规的执行力，只有这样，才能使节能法规政策落地。例如，政府应限制汽车的排放标准，引导企业开发节能减排技术，增加节能补贴、老旧报废车辆的补贴数目，加快老旧车辆的淘汰速度。从一点一滴入手，节约能耗，保护环境，走可持续发展之路③。节能不仅可以降低企业成本，提升经济利益，还可以保护环境。完成此目标需要政府加大监管力度、加强政策引导，提升节能技术服务水平。建立系统化的节能环保管理体系。从根本上减轻对化石能源的依赖，降低化石能源的对外依存度，从长远上保障中国的能源安全。

综上，本节针对 21 世纪初期中非能源合作出现的问题与挑战提出五项对策建议，针对非洲国家可能出现的政治风险，中国应对其政权稳定性、社会发展程度以及可能存在的风险进行合理评估，提前做好预防措施。针对项目实施过程中

① 黄蕙 . 节能应成国策［J］. 瞭望周刊，2003（50）：37.

② 舒畅 . 关于我国清洁能源发展相关问题的探讨［J］. 能源技术经济 . 2011（9）：20.

③ 中国现代国际关系研究院经济安全研究中心 . 全球能源大棋局［M］. 北京：时事出版社，2005：308.

潜在的投资金融风险，中国应积极探索制度创新，分散投资风险。针对其他大国同中国在非洲展开的恶性竞争和贸易摩擦，中国应探索如何变对手为伙伴，倡导构建能源共同体，以实现互惠共赢争取国际支持。中非能源合作未来的发展，还需从根本上提升核心竞争力，扩大中国国际影响力。未来，中国应优化能源消费机构，大力发展清洁能源，从根本上减轻对化石能源的依赖。

5.3.6 依托政策加强关键核心技术攻关

随着新冠疫情的结束，世界各国经济均开始复苏。受俄乌冲突的影响，非洲作为油气资源国的战略地位逐渐上升，国际大型石油公司由于能源转型，在非洲投资减少，这为中国发展中非油气合作提供了新的机遇。2023 年以来，中国不断加强与非洲油气资源国的合作，坚持以互利共赢为指导原则，深化与传统非洲油气资源国的合作，同时积极拓展油气进口的新渠道，多措并举保障国家的能源安全。为此，中国政府相继出台了多项政策。2023 年 9 月 19 日，中央全面深化改革委员会第二次会议审议通过了《关于进一步深化石油天然气市场体系改革提升国家油气安全保障能力的实施意见》，提出要围绕提升国家油气安全保障能力的目标，针对油气体制存在的突出问题，积极稳妥推进油气行业上、中、下游体制机制改革，确保稳定可靠供应。2023 年 3 月 22 日，国家能源局发布了《加快油气勘探开发与新能源合作发展行动方案（2023—2025）》，提出坚持生态优先、因地制宜、多元融合发展，油气勘探开发与新能源融合发展初期立足于就地就近消纳为主，大力推进陆上油气矿区及周边地区风电和光伏发电，统筹推进海上风电与油气勘探开发，加快提升油气上游新能源开发利用和存储能力，积极推进绿色油气田示范建设。2023 年 10 月 25 日，国家发展和改革委员会联合其他部门发布《关于促进炼油行业绿色创新高质量发展的指导意见》，明确提出到 2025 年，国内原油一次加工能力控制在 10 亿吨以内，千万吨级炼油产能占比 55% 左右，产能结构和生产力布局逐步优化，技术装备实力进一步增强，能源资源利用效率进一步提升，炼油产能能效原则上达到基准水平、优于标杆水平的超过 30%[①]。

在上述政策的指引下，应加强科技自立自强，持续释放创新驱动力，不断降低我国的能源对外依存度。为实现上述目标，需不断加强对化石能源的开发、利用技术的攻关，加强卡脖子技术的攻关力度。对于油气资源，应开展油气精细化勘探、智能化注采等关键核心技术攻关，提升低渗透老油田、高含水油田以及深

① 电力规划设计总院编 . 中国能源发展报告 2024［M］. 北京：中国电力出版社，2024，123.

层油气等陆上常规油气的采收率和储量利用率，推动深层页岩气、非海相非常规天然气、页岩油和油页岩勘探开发技术攻关；突破输运、炼化领域关键瓶颈技术，提升油气高效利用技术能力[①]。近年来，中国石化积极融入国家科技创新体系，“深地工程”、陆相页岩油和深层页岩气勘探、大幅度提高采收率、CCUS 等技术装备攻关取得重要进展，关键核心技术攻关取得重要突破。

① 电力规划设计总院编. 中国能源发展报告 2024［M］. 北京：中国电力出版社，2024，92.

结　语

21世纪以来，中非双方经过共同努力，在能源合作领域取得了一定成果。因此，可在总结中非能源合作的实践经验后，梳理出中非能源合作的实践路径、参与角色，归纳出中非能源合作的四种模式：国家援助框架下的能源合作模式、以投资换能源模式、能源共同体模式、市场投资模式。并以中国－安哥拉的能源合作模式作为典型案例进行佐证。未来，面对国际能源格局的发展与变化，中非能源合作将继续坚持互利共赢的发展原则，注重顶层设计，切实起到保护中国的能源利益，实现能源战略目标的作用。

本书的基本结论如下：

第一，中国的能源合作始于中华人民共和国成立之初。在此之后，我国第一代领导人充分意识到保护能源安全的重要性，为改革开放后的中国对外能源合作奠定了总体基调。受限于当时的国际环境，中华人民共和国成立初期的能源合作对象主要以苏联等社会主义国家和第三世界国家为主。

第二，21世纪初期中非能源合作遵循自上而下的实践路径，可分为首脑外交—政府谈判—项目实施三个阶段。参与的行为体，包括中国政府、非洲资源国政府、政策性银行、能源企业、建筑企业、保险公司。上述行为体在中非能源合作中发挥着不同作用，使中非能源合作模式呈现出不同表现形式。中国政府积极筹划，随着资源国情况的变化及时调整能源合作模式，调整各个行为体的角色，使中非能源合作迅速取得成效。良好的国家关系是中非合作的政治基础，互惠互利是中非能源合作的原则，中国日益增强的国家实力和国际影响力是中非能源合作持续深入的动力。

第三，中非能源合作可被归纳为四种模式：国家援助框架下的能源合作模式、以投资换能源模式、能源共同体模式、市场投资模式。此四种模式分别适用于不同类型的非洲国家，或同一非洲国家的不同发展阶段。四种模式、路径及选择方法存在动态循环过程，在具体实践中，中国政府根据非洲资源国的发展阶段不断地调整、选取与之契合的理论模式、路径和方法。在以投资换能源模式、能源共同体模式、市场投资模式中，中国政府给予其他行为体更大的自主权。参与上述三种模式的行为体有着其各自不同的利益诉求，中国政府支持有关各方在符合国家对外战略的原则下，追求其自身利益。

第四，中国－安哥拉的能源合作，是中非能源合作中的成功案例。其合作特点为以投资换能源模式。具体合作路径为：两国通过签订双边贸易协定，以安哥拉的石油作为质押物，冲抵中国企业为其进行基础设施建设的费用。中国－安哥拉的能源合作基于平等互惠的原则，良好的国家关系为合作的深入推进提供了有力保障。由于投资金额较大、影响范围较广，中国－安哥拉能源合作在非洲乃至世界范围内均产生了一定影响。自中国－安哥拉成功探索出合作路径后，刚果（金）、刚果（布）等非洲国家均试图效仿安哥拉，同中国开展能源合作。这对中国开拓能源市场、拓宽能源进口渠道具有一定意义。

第五，能源共同体模式具有良好的发展潜力。其具体原因如下：其一，能源共同体模式可以帮助中国分散投资风险，中国企业可与有合作意向的国家能源公司组成联合体，共同出资，参与非洲的能源开发。其二，能源共同体模式可以帮助中国有效规避其他大国的竞争。随着中国在非洲能源利益的扩展，中国将不可避免地同欧洲、日本、印度等大国出现利益重叠区域。为避免恶性竞争，中国可通过组建能源共同体，与其他竞争国共同参股，一道开发非洲能源。其三，能源共同体模式有助于中国提升技术实力。在与西方能源企业组建能源共同体的过程中，中国可借此与他国能源企业加强技术交流，弥补技术不足，拓展业务领域，更好地开拓国际能源市场。因此，在未来能源合作的实施过程中，能源共同体模式具有良好潜力。

第六，面对国际能源格局的变化，中国应加强顶层设计，提前布局，积极应对。当前，国际能源格局正处于发展转型的十字路口，国际油气供需格局正在重塑，随着国际油气消费中心的东移，生产中心的西进，新能源技术的突破，国际能源格局中的变数增加，对中国对外能源合作的既定目标、实现手段、合作方式、指导思想等产生了一定冲击。中国作为能源消费大国，既有能源合作模式已无法满足变化中的国际能源市场形势。为此，中国应以习近平外交思想指导中非能源合作实践，通过制度创新分散投资风险，优化既有能源合作的运营方式，加强科技创新，提高国内页岩气、天然气、海水资源、可燃冰等的利用率，从根本上降低能源的对外依存度。

附　录　相关访谈

附录一　对原中华人民共和国驻南非共和国特命全权大使林松添的访谈

访谈时间	2017 年 8 月 1 日 14：00—16：30
访谈对象	林松添，第十四届全国政协外事委员会副主任、原中华人民共和国驻南非共和国特命全权大使、原中国人民对外友好协会会长
访谈内容	1. 中国同非洲的能源合作有什么特点？ 答：中非能源合作可以用互有需要、互有优势来形容。21 世纪中非能源合作迎来难得的机遇，一方面非洲正在进行工业化发展，需要中国的资金、技术、人口、企业以及管理经验，另一方面非洲广阔的市场也为中国去产能提供平台。
	2. 目前中国同非洲开展的能源合作有几种模式？ 答：中非能源合作的核心内涵是“开发非洲所有，满足非洲所需”。具体可分为四种模式：第一种为中国－安哥拉能源合作，中国同安哥拉的能源合作取得了较大成功。第二种为苏丹、乍得模式，中国在非洲当地兴建炼油厂，将炼制好的成品油运回国内。第三种为矿产互利合作模式，以刚果（金）、刚果（布）、几内亚为代表国，主要通过以基础设施换矿产资源的形式实现互利合作。第四种为埃塞俄比亚模式，这种模式中的非洲国家虽然没有中国需要的资源，却是非盟总部所在地，中国需要在当地打造示范点，提升自身影响力。
	3. 中国在同非洲发展能源合作时的发展理念是什么？ 答：我国提出五大发展理念：集约发展、共同发展、互利发展、安全发展、绿色发展。推动中非能源合作朝着安全、有序、有效的方向发展。 举个例子，中国将在刚果（布）设立经济特区。首先，规范立法，完善顶层设计；其次，规范化市场运作；最后进行人才培训，进行安全保障。
	4. 中国目前在非洲的能源合作遇到的瓶颈是什么？ 答：目前遇到的最大瓶颈是非洲国家的思想理念跟不上时代的潮流。此外，非洲国家政权不稳定，政府更迭频繁，执政能力受阻导致非洲国家发展速度受限。 此外，非洲国家通过卖资源并未能将资金转化为生产力，经济未能实现多元化，大多数非洲国家只是将获得的资金用于盖房子，这就导致其缺乏足够的还贷能力，经济相对单一、脆弱，容易产生债务危机，为投资国政府造成财政负担。这种金融风险值得中国注意，未来发展中非能源合作时应着力避免。
	5. 中国可以通过中非能源合作获得什么好处？ 答：中国不仅需要能源，还需要海外能源以满足国内的能源需求。此外，中国还需要非洲广阔的市场以去产能。中国－安哥拉能源合作就是集约发展理念下成功的实践模式。本质上，中非能源合作是互惠互利的结果。

附录二　对中华人民共和国商务部对外援助司前副司长王成安的访谈

访谈时间	2011 年 3 月 9 日 13：00—13：30
访谈对象	王成安，中华人民共和国商务部对外援助司前副司长。
访谈内容	1. 您认为中国和安哥拉的能源合作有何特点？ 答：中国－安哥拉能源合作突出的特点是互惠互利，在合作中通过“以基础设施换石油”的方式完成能源合作，对亟待战后重建、经济急需发展的安哥拉是及时雨。对中国而言，通过同安哥拉的合作，也获得了稳定的能源供应。中国－安哥拉能源合作是一举两得的创新之举。
	2. 能具体讲讲中国－安哥拉能源合作的具体流程吗？ 答：中国 2005 年跟安哥拉签署的第一笔贷款协议为 23 亿美元。主要用来支持提供安哥拉的各种设备、物资、基础设施建设（包括铁路、公路、桥梁等）。具体操作流程是先由中国企业在竞标取得某一项目后，中国中标企业和安哥拉当地企业谈好价格，再由中国进出口银行和安哥拉财政部签订银行贷款协议，在总的协议框架下，每个企业还要再分别签订具体协议。安哥拉则以本国石油作为担保，中国通过商务合同进口安哥拉的石油，充抵安哥拉利用中国公司进行建设所需要的贷款资金。接下来，在中国公司进行建设之前，需要购买建设所需的材料。
	3. 中国的建筑公司在安哥拉进行施工建设以何种方式购买原料呢？ 答：购买方式分为以下几种情况：一些原材料需要在中国国内购买，所需要的购买费用直接由中国进出口银行拨给提供原材料的厂家，这笔费用用人民币结算。在安哥拉当地或国外其他地区采购的建设材料则按照当日兑换率，以安哥拉当地货币或美元结算。工人的雇用费用则由中国进出口银行直接拨付资金结算。
	4. 您认为在中国－安哥拉能源合作中，中国政府的参与角色有何变化？ 答：我认为中国政府正在将更多的自主权交给企业，并不直接参与中国－安哥拉能源合作的具体实施过程，这与之前中国同苏丹的合作有了一些变化。这也体现中国在发展同非洲国家能源合作时思路的变化，给企业更多的自主权，不仅符合市场经济的规律，还可以提高企业的经营积极性。

附录三　对中国机械设备工程股份有限公司管理人员的访谈

访谈时间	2011 年 2 月 22 日 14：00–14：30
访谈对象	熊志军，中国机械设备工程股份有限公司（CMEC）第三工程成套事业部副总经理，长期从事海外项目管理工作。
访谈内容	1. 中国建筑企业在非洲的建设项目应如何规避风险？ 答：在现在运行的工程管理制度中，最为核心的是工程保险制度，而这部分的风险究竟应该由谁来承担才能使企业可以无后顾之忧地进行援建呢？目前，一般中国企业的援建工程大都由中国人民保险集团股份有限公司、中国太平洋财产保险股份有限公司和中国出口信用保险公司承担。这也是目前绝大多数中国建筑企业规避风险的主要措施。
	2. 贵公司（CMEC）作为第一个进入安哥拉的中方施工企业，如何评价中国－安哥拉能源合作？ 答：我公司下属的四川分公司经过可行性研究，认为在安哥拉承担建设任务具有利润空间，经过正常程序，于 2002 年取得安哥拉的基础设施建设项目。随后在国家开发银行、中国进出口银行的大力支持下，我公司同安哥拉展开了比较愉快的合作，总的来说，我公司按期完成了在安哥拉的项目工作，安哥拉也按照合同规定以石油为质押物按期给我公司付清了建设费用。我公司也从安哥拉项目中获得了较为可观的收益。
	3. 能具体讲讲贵公司和安哥拉的合作模式吗？ 答：当时我公司在帮助安哥拉进行战后重建之时，采取的是买方信贷的方式，即把钱贷给安哥拉的业主，由中国进出口银行给我公司贷款，同时为防止安哥拉还贷出现问题，中国对外经技术合作总公司还买了中国出口信用保险公司的保险。不过，现在中国公司在安哥拉进行建设时，已不再采取这一合作模式。而弃用该模式的原因是中方借款给安哥拉时付的是人民币，但安哥拉付给中国机械进出口总公司的是美元。近些年由于汇率变动，人民币的持续升值导致中国公司损失较大。因此，现在已不再沿用 2002 年的付款模式。

续表

访谈内容	4. CMEC 作为中国－安哥拉能源合作中中方的总承包公司，为了项目建设需要要选择分包商，贵公司是如何选择的呢？ 答：选择分包商一般有两种途径：从中国带分包商去项目所在国，或在项目所在国当地选择分包商，这两种方式各有利弊。很多中国的企业倾向从国内带分包商去安哥拉进行建设。这种模式固然可以减少一些意见上的不和，但费用较高。而且安哥拉在与中国政府进行谈判中达成一个共识：为了提高安哥拉当地的就业率，从根本上促进安哥拉经济可以自力更生地发展，在中国企业的建设工程中，必须雇用安哥拉当地员工，比例不超过 30%。这个比例也一直是中国和安哥拉争论的焦点之一。由于中国的总承包公司必须雇用一定比例的安哥拉员工，这就涉及一个问题：是选择安哥拉当地的工程队统一雇用当地员工，还是中国公司自主寻找呢？从目前情况来看，由于语言和文化生活方式的不同，为了便于管理和保证施工进度，中国公司还是更倾向于在安哥拉当地雇用工程队进行建设工作。
	5. 在同安哥拉当地分包商合作中，是否存在障碍？ 答：确实存在。安哥拉当地分包商认为这些项目本应该是他们的，不应该有中国公司的介入。但是他们不理解一个事实：如果没有中方总承包商的努力，安哥拉当地分包商根本没有机会拿到这个工程项目。由于这一基本矛盾的存在，当地分包商总有一种抵触情绪，出现过拖延工期、不及时派员进驻工程现场等现象。有时，中国分包商 3 个月可以完成的工程，他们可能拖延半年以上。这在一定程度上影响了工程总进度。
	6. 您认为安哥拉政府在管理中存在哪些问题？ 答：由于安哥拉在外资管理上缺乏规范性标准和法律，使安哥拉的市场处于一种无序的状态。目前安哥拉的市场竞争十分混乱，例如，安哥拉港口资源十分有限，可以卸货的泊位可能只有一两个，因此经常发生几个公司争抢泊位的情况。而遇到这种情况通常就是哪个公司给的钱多，就可以获得泊位，即便其他公司已经事先和安哥拉方面定好泊位，预付过定金也无济于事。由于这种问题屡见不鲜，会增加中国公司的成本，间接减少中国公司可能获得的利润。

附录四 对中国非洲史研究会副会长刘海方副教授的访谈

访谈时间	2018 年 1 月 12 日 16：30—18：00
访谈对象	刘海方，中国非洲史研究会副会长、北京大学国际关系学院副教授，长期从事种族问题、中非关系（特别是中非人文交流、中非合作论坛）、安哥拉国别研究（包括中安关系）、中国发展援助（微观的、个案的视角）、中国海外新移民等研究。
访谈内容	1. 请您谈谈中国－安哥拉能源合作的最新情况。 答：目前的中国－安哥拉能源合作处于转型升级的分水岭，安哥拉的领导人更迭为中国－安哥拉能源合作增添了变数。我认为中－安合作转型升级的一个方向为农业合作，价值 35 亿元的农业合作合同能否取得成功，两国能否探索建立农产品加工一体化的全产业链合作值得期待。
	2. 未来中非经贸合作的新方向是什么呢？ 答：未来中非经贸合作应大力发展清洁能源，探索中非清洁能源合作的可行性以及出路。例如，中国已在坦桑尼亚建立专门的港口用于运输清洁能源，并尝试同非洲国家开展生物清洁能源、太阳能以及天然气能源的合作。中国在摩洛哥发展的清洁能源可以作为一种新的尝试。值得重点关注。
	3. 您认为应该如何界定非洲资源国政府在中非能源合作中扮演的角色？ 答：我认为不能一概而论，但是政府对本国能源一直加强掌控。在安哥拉内战时期，萨文比控制了国内的钻石资源，多斯桑托斯控制了石油资源。而国际社会对安哥拉钻石的制裁成为决定安哥拉内战走向的分水岭。未来，安哥拉等非洲资源国政府不会放弃对资源的掌控。企业有可能拥有游说的权利，但政府不会轻易放弃对资源国的控制。

续表

访谈内容	4. 中国政府参与中非能源合作的程度是否会随着资源国政权的稳定程度提高，而逐渐降低呢？ 答：我认为应该理解为中国政府的参与程度与资源国政府的政权稳定程度、管理资源的能力以及政策制定能力有关。例如，在中国 – 安哥拉能源合作的过程中，中国 – 安哥拉能源合作主要通过机制化运作，通过产能合作基金、中小企业发展基金以及南南合作基金来管理两国的能源合作项目。然而，如果制定的政策包容性不够，反而会束缚两国能源合作的发展。
	5. 请您谈谈对中国 – 安哥拉能源合作的展望。 答：未来应重点关注政府制定的政策是否合理，600 亿元的投资资金是否得到有效利用。随着安哥拉建设领域的市场趋于饱和，未来工程承包项目将会有所减少。中国 – 安哥拉能源合作势必需要转型升级，中国政府需要合理评估对非洲的期待是什么、对非洲的需求到底有多大等问题。
	6. 您认为安哥拉政府在管理境外投资时存在哪些问题？ 答：安哥拉有严格的外汇管制政策，不支持中国企业将在安哥拉投资所获得的收益带回中国境内，这会影响中国企业在安哥拉的投资热情。此外，安哥拉政府呈现家族式管理特点。

附录五　对中国石化国际勘探公司项目管理人员的访谈

访谈时间	2017 年 9 月 14 日 15：00—16：30
访谈对象	秦云锦，原在中国石油工作、后任中国石化集团公司国际工程技术服务与勘探开发合作合资联合作业项目高级管理人，曾在苏丹、南苏丹、尼日利亚等国长期驻外工作 15 年，侧重于国际油气合作管理研究等。
访谈内容	1. 中国石油公司主要在非洲哪些国家进行油气投资呢？ 答：主要包括埃及、苏丹、安哥拉、尼日利亚、加蓬、喀麦隆、阿尔及利亚等国。我们最早是在非洲做油气开采，后来到中亚、中东，目前所涵盖的范围已经遍及全世界了，从南美、北美甚至到北海、北极。
	2. 油气项目投资有哪些合同模式呢？ 答：油气项目投资合同共分为三种制度：矿税制、产品分成制和风险服务制。非洲这些国家主要实行产品分成制。东南亚也主要实行产品分成制。中东、伊朗、伊拉克主要是风险服务制。南美、北美和发达国家主要是矿税制。
	3. 中国石油公司在非洲经营情况如何？ 答：中国石油公司进入得比较早，我们进行了大量投资，有油田、炼油厂、工程技术服务。非洲的产油国家非常清楚，西方介入它们的石油资源项目，实际上实行的是经济侵略，打个比方，明明 1 万元就可以把工程干完，西方非要说 10 万元。但是这些国家除了资源多以外，在技术上非常落后，没有办法，就想着拉着中国人一起。西方人说的 10 万元的项目，中国人 5 万元就可以搞定，于是慢慢地中国就在当地站稳了脚跟。这是非洲产油国家的一种策略，他们在商业上非常聪明。在能源投资方面，这些国家有一种主动意识，会让美国人做一部分、欧洲人做一部分，然后再让俄罗斯、中国等各做一部分，这样形成竞争关系和一定的平衡。
	4. 这样不就是没有完全按照市场化方式运作？有没有一些就是因为上述原因而导致最后结果不同的项目例子？ 答：政治考量也是一种市场化运作方式。举个例子，原来苏丹的油气项目以美国人为主，但随着美国制裁，美国公司纷纷撤走，苏丹需要中国人过来做项目。但是苏丹又不想让中国一家垄断，就拉上加拿大人、马来西亚人以及部分中立的欧洲人过来，欧洲人走了后又拉着印度人来，好多个国家都参加进来，而不是只有中国一家独大。从投资方角度来讲，也不希望只有自己一家投资，因为单独面对制裁等风险太大，拉上马来西亚、印度等国家来投资，就能通过联盟的方式共同应对美国的制裁。从苏丹本身来讲，比如，有个 50 亿元的项目，它不可能完全让中国投资，它肯定会同时选择其他国家一起，如德国、加拿大、日本等，通过这种经济合作方式来改善与这些国家的关系，并让其在国际场合替苏丹发言。

续表

访谈内容	5. 中国油气企业在非洲进行能源项目投资时，是出于什么考虑呢？能源安全还是经济利益？ 答：我认为能源安全是个伪命题，除非是出于极特殊的外交原因，否则不可能说这个项目肯定会赔，我们会去争取，我们肯定是要赚钱的。我们原本在安哥拉拿的项目就是赚钱的，后来拿的一些项目是赔钱的。项目赔钱的原因在哪儿？比如评价时出问题了，再比如对储量的判断不准或者决策时失误了。特别是油田的区块拿下的时机非常重要，油价高的时候可能赚钱，油价低的时候则会赔钱。一般不会为了搞好与所在国关系，而让渡很多经济利益。大国不能只靠这个来搞好外交关系。 如果说要考虑能源安全战略，那只能是短期内，很难做到几十年甚至长期。因为情况变化很快，比如可能以后不用石油，只用电，或者页岩气取代石油、煤制油等，那我们进行油气投资时，就不需要太多地考虑能源安全了。 这还涉及投资的规模，小的油气投资项目，中国石油、中国石化是可以自己决定的，但是超过 1 亿美元的项目则可能需要发改委等有关政府部门批复，更大的油气投资项目则需要国务院来批准。
	6. 战略上关于中国能源安全考虑有哪些？ 答：安全是经济上有条件的安全，石油是否运回来肯定是具体经济上的问题。学术界可能考虑战略和能源安全问题，但在企业界，考虑的是项目回报问题，这是微观上的，而不是宏观上的，比如工程服务一般 3~5 年，投资一般指 10~30 年，不会长达 50 或者 100 年。 我们考虑的问题是：第一，有没有油；第二如果有油，能否拉回；第三，能否经济地拉回来。或者说，第一，有没有可用的油，这是技术问题；第二，有没有合算可用的油，这是经济问题；第三，有油而且经济合算的话，能不能顺利地拉回来，这是军事安全问题。这是不同层次的问题。
	7. 我们在安哥拉等国进行油气投资时，生产出来的原油是在当地炼油厂进行加工、销售还是直接将原油运回国进行提炼加工销售呢？ 答：这是根据合同来约定的，有的在当地卖了更合算，有的则运回来更合算，有的则卖给第三方更合算。这得根据谈的合同和市场情况来决定。比如阿根廷是矿税制，油气开采出来了，我想拉到哪儿就拉到哪儿。这取决于合同和经济的考虑。比如拉到中国太贵了，还不如在当地卖了。像中国石化在南美开采的石油，一般就在南美当地卖了或者卖到美国，不会卖到中国，因为不划算。我们在非洲开采的石油，是在当地卖或者运回来看具体情况。
	8. 会不会因为我们对外来石油依赖度高，而存在即使赔钱也会把石油运回国的情况呢？ 答：基本不会，这主要是经济上的考虑，赔钱是不会运回来的。
	9. 中国油气公司是如何影响中国和项目所在国政府决策的？ 答：中国海外大部分油气项目都是中国国有企业承揽的，属于国务院国资委系统下的企业，受商务部、发改委等有关部门管辖，他们需要经常和政府沟通，在国外还需要经常与大使馆沟通。企业与政府之间会有很多协调会，不管反映困难还是问题，政府职责就是提供服务。比如，企业会反映海外项目所在国的政府效率太慢，或者税收太重，这样我们的政府部门得到消息后，会及时与所在国沟通，并通过双方的混合管理委员会的协调机制加以解决，如说部长级别之间的对话等，既有战略性的沟通，也会有具体项目的沟通。我参加过一个中国代表团访问苏丹，对话双方是党的副主席，但是对话并不仅限于党内事务，也涉及具体项目，如有个项目进展缓慢，是由于水泥供应不上了，双方就会通过协商解决。企业与政府之间有固定和非固定的协调机制，用以进行信息和政策沟通。不过企业对项目所在国政府的影响有大有小，需要分析具体情况。
	10. 中国在非洲进行能源投资会遇到哪些大的困难和障碍？ 答：遇到的问题非常多。投资要和当地国政府签订协议，在这个谈判过程中，要设定各方权利义务以及项目如何运行，但这个相当复杂。第一，要看当地政府和中国外交关系如何，亲密不亲密，外交关系本身会影响到投资过程。第二，除了政治，双方文化差异很大，这也会成为问题，双方对同一个问题的理解会不一样。第三，双方政府的稳定性，特别是所在国政府政策，比如说正常的总统换届或者说遇到政变了，会涉及认不认之前签的协议，比如提高税收或者将项目国有化。项目执行的条款会改变。第四，非洲存在一些腐败问题，也会影响能源项目投资的成败。第五，安全问题，所在国可能会有内乱或者绑架等问题。第六，标准问题，所在国是否认可中国在工程建设上的一些标准和中国的产品质量，有可能它们要求用欧盟的标准，这样中国的企业很可能因为不熟悉而玩不转。第七，受到西方国家的干预，比如在中国石油投资苏丹项目时，美国使馆工作人员就曾直接对项目进行干预。总之，这是双方地位和相互博弈的过程。

参考文献

[1] 中华人民共和国外交部中共中央文献研究室 . 毛泽东外交文选 [M]. 北京：中央文献出版社、世界知识出版社，1994.

[2] 中华人民共和国外交部中共中央文献研究室 . 周恩来外交文选 [M]. 北京：中央文献出版社，1990.

[3] 中共中央文献研究室 . 邓小平文选 [M]. 北京：人民出版社，1983.

[4] 江泽民 . 江泽民文选 [M]. 北京：人民出版社，2006.

[5] 习近平 . 习近平谈治国理政 [M]. 北京：外文出版社，2014.

[6] 习近平 . 习近平谈治国理政（第二卷）[M]. 北京：外文出版社，2017.

[7] 中共中央党史和文献研究院 . 习近平关于总体国家安全观论述摘编 [M]. 北京：中央文献出版社，2018.

[8] 温家宝 . 政府工作报告：2011 年 3 月 5 日在第十一届全国人民代表大会第四次会议上 [M]. 北京：人民出版社，2011.

[9] 陈松川 . 中国对外援助政策取向研究（1950—2010）[M]. 北京：清华大学出版社，2017.

[10] 刘鸿武主编 . 非洲研究 [M]. 北京：中国社会科学出版社，2016.

[11] 张宏明主编 . 非洲发展报告（2015—2016）[M]. 北京：社会科学文献出版社，2016.

[12] 胡森林 . 能源大变局：中国能否引领世界第三次能源转型 [M]. 北京：石油工业出版社，2015.

[13] 刘华芹 . 丝绸之路经济带：欧亚大陆新棋局 [M]. 北京：中国商务出版社，2015.

[14] 许勤华 . 中国能源国际合作报告：低油价新常态下的中国能源国际合作 [M]. 北京：中国人民大学出版社，2015.

[15] 赵江林 .21 世纪海上丝绸之路：目标构想、实施基础与对策研究 [M]. 北京：社会科学文献出版社，2015.

[16] 姜忠尽 . 中非合作能源安全战略研究 [M]. 南京：南京大学出版社，2014.

[17] 魏一鸣，等 . 中国能源报告 2014：能源贫困研究［M］. 北京：科学出版社，2014.
[18] 许勤华 . 中国国际能源战略研究［M］. 广州：世界图书出版广东有限公司，2014.
[19] 崔守军 . 能源大外交——中国崛起的战略支轴［M］. 北京：石油工业出版社，2012.
[20] 孔博 . 解读中国国际石油政策——从国外看中国的石油“走出去”战略［M］. 北京：石油工业出版社，2012.
[21] 王海运，等 . 能源合作概论［M］. 北京：社会科学文献出版社，2012.
[22] 陈会颖，等 . 世界能源战略与能源合作（非洲卷）［M］. 北京：知识产权出版社，2011.
[23] 薛力，等 . 中国的能源合作与国际能源合作（1949—2009）［M］. 北京：中国社会科学出版社，2011.
[24] 余建华 . 世界能源政治与中国国际能源合作［M］. 长春：长春出版社，2011.
[25] 赵剑 . 世界能源战略与能源合作［M］. 北京：知识产权出版社，2011.
[26] 门洪华 . 中国国际战略导论［M］. 北京：清华大学出版社，2009.
[27] 王勇 . 中国对外石油战略研究［M］. 杭州：浙江大学出版社，2009.
[28] 中国石油新疆油田分公司与中国石油新疆石油管理局编 . 新疆石油经济纪事［M］. 北京：石油工业出版社，2008.
[29] 车维汉主编 . 发展经济学［M］. 北京：清华大学出版社，2006.
[30] 李文刚编 . 利比里亚［M］. 北京：社会科学文献出版社，2006.
[31] 刘昌明 . 全球化与当代国家政治职能［M］. 济南：山东大学出版社，2006.
[32] 刘海方编 . 安哥拉［M］. 北京：社会科学文献出版社，2006.
[33] 陆俊元 . 地缘政治的本质与规律［M］. 北京：时事出版社，2005.
[34] 查道炯 . 中国石油安全的国际政治经济学分析［M］. 北京：当代世界出版社，2005.
[35] 中华人民共和国商务部国际贸易经济合作研究院编 . 中国对外贸易白皮书［M］. 北京：中信出版社，2005.
[36] 杨雪雁，等 . 论中国石油国际经营环境与策略［M］. 北京：石油工业出版社，2004.
[37] 周永生 . 经济外交［M］. 北京：中国青年出版社，2004.
[38] 吴磊 . 中国石油安全［M］. 北京：中国社会科学出版社，2003.
[39] 徐小杰 . 新世纪的油气地缘政治：中国面临的机遇与挑战［M］. 北京：社

会科学文献出版社，2003.
［40］郑羽，庞昌伟．俄罗斯能源合作与中俄油气合作［M］．北京：世界知识出版社，2003.
［41］周弘主编．对外援助与国际关系［M］．北京：中国社会科学出版社，2002.
［42］欧阳康．人文社会科学哲学［M］．武汉：武汉大学出版社，2001.
［43］阎学通，孙学峰．国际关系研究实用方法［M］．北京：人民出版社，2001.
［44］梁守德，洪银娴．国际政治学理论［M］．北京：北京大学出版社，2000.
［45］章昌裕主编．国际发展援助［M］．北京：对外贸易教育出版社，1993.
［46］华泽澎主编．能源经济学［M］．东营：石油大学出版社，1991.
［47］周国良，等．当代中国的对外经济合作［M］．北京：中国社会科学出版社，1989.
［48］中国对外经济贸易年鉴［M］．北京：中国展望出版社，1988.
［49］总体国家安全观研究中心，中国现代国际关系研究院．资源能源与国家安全［M］．北京：时事出版社，2022.
［50］电力规划设计总院编著．中国能源发展报告 2023［M］．北京：人民日报出版社，2023.
［51］瓦科拉夫·斯米尔．能源转型：数据、历史与未来［M］．江艾欣，李宏达，译．北京：科学出版社，2018.
［52］丹比萨·莫约．援助的死亡［M］．王涛，杨惠，等译．北京：世界知识出版社，2010.
［53］迈克尔·克莱尔．石油政治学［M］．海口：海南出版社，2009.
［54］塞尔日·米歇尔，米歇尔·伯雷．中国的非洲［M］．孙中旭，王迪，译．北京：中信出版社，2009.
［55］大卫·马什，格里·斯托克．政治科学的理论与方法［M］．景跃进，等译．北京：中国人民大学出版社，2006.
［56］斯·日兹宁．国际能源政治与外交［M］．上海：华东师范大学出版社，2005.
［57］维克托·恩瓦奥齐奇·戚本杜．尼日利亚外交政策［M］．周平，王德鑫，等译．北京：世界知识出版社，2005.
［58］罗斯托．经济增长的阶段：非共产党宣言［M］．郭熙保，王松茂，译．北京：中国社会科学出版社，2001.
［59］迈克尔·P. 托达罗．经济发展与第三世界［M］．北京：中国经济出版社，1992.

［60］道格拉斯·惠勒，勒内·佩利西埃．安哥拉［M］．北京：商务印书馆，1973.
［61］瓦·瓦·叶戈罗夫．第二次世界大战后的利比里亚［M］．上海：上海人民出版社，1973.
［62］张锐．试析人类命运共同体思想引领下的中国对外能源合作［J］．国际关系研究，2018（3）：104–118.
［63］李昕蕾．全球气候能源格局变迁下中国清洁能源合作的新态势［J］．太平洋学报，2017（12）：33–45.
［64］田春荣．2016 年中国石油进出口状况分析［J］．国际石油经济，2017（3）：15–25.
［65］杨连星，刘晓光，张杰．双边政治关系如何影响对外直接投资——基于二元边际和投资成败视角［J］．中国工业经济，2016（16）：56–70.
［66］陆家亮，等．新常态下中国天然气勘探开发战略思考［J］．天然气工业，2015（11）：1–8.
［67］薛力．中国“一带一路”战略面对的外交风险［J］．国际经济评论，2015（2）：68–79.
［68］朱雄关．“一带一路”战略契机中的国家能源安全问题［J］．云南社会科学，2015（2）：23–26.
［69］陈沫．从苏丹和沙特阿拉伯研究案例透析中国石油企业的国际化经营［J］．西亚非洲，2014（5）：116–128.
［70］李昕．中国石油外交模式探析——基于改革开放前 30 年的思考［J］．大庆师范学院学报，2013（4）：36–42.
［71］张宇炎．中国对“中国 – 安哥拉能源合作”管理政策变化分析［J］．国际观察，2012（1）：58–64.
［72］韩凤君，肖华娟．石油产品分成合同类型简析［J］．中国石油大学学报，2011（3）：22–26.
［73］姜璐，肖佳灵．中国对苏丹的石油外交：政企角色研究［J］．阿拉伯世界研究，2011（9）：40–53.
［74］杨勉．南苏丹公投背后的石油因素以及对中国在苏丹石油投资的影响［J］．中外能源，2011（5）：24–33.
［75］张安平，李文，于秋波．中国与苏丹石油合作模式的实证分析［J］．西亚非洲，2011（3）：3–11+79.
［76］贺文萍．中国援助非洲：发展特点、作用以及面临的挑战［J］．西亚非洲，2010（7）：12–19+79.

［77］唐晓阳．评析中国与安哥拉经济合作的新模式［J］．西亚非洲，2010（7）：55–60.

［78］汪峰．中国与尼日利亚石油合作面临的挑战以及对策［J］．上海商学院学报，2010（5）：8–13.

［79］伍福佐．中国能源外交与国际责任——以达尔富尔问题为例［J］．阿拉伯世界研究，2010（3）：59–66.

［80］潘光．改革开放30年来的中国能源外交［J］．国际问题研究，2008（6）：29–34.

［81］许勤华．中国能源外交战略分析与思考［J］．教学与研究，2008（12）：59–64.

［82］何琬，郑迎迎．中国与非洲的石油贸易与合作［J］．国际经济合作，2007（11）：13–15.

［83］王有勇．中国与阿尔及利亚的能源合作［J］．阿拉伯世界研究，2007（2）：35–42.

［84］忻怿．安哥拉内战与美中关系——基于美国“联华援安”战略始末的考察［J］．四川师范大学学报（社会科学版），2007（1）：166–176.

［85］张德广．新丝绸之路与上海合作组织［J］．西安交通大学学报，2007（6）：1–3.

［86］赵宏图．透视能源合作——兼谈对中国能源外交的思考［J］．政策研究，2007（10）：41–47+90.

［87］蔡娟，杨中强．中国能源外交与地缘政治［J］．学术探索，2006（6）：77–80.

［88］童全生．尼日利亚石油与天然气工业概况［J］．中国石油和化工经济分析，2006（9）：44–49.

［89］查道炯．中国在非洲的石油利益：国际政治课题［J］．国际政治研究，2006（4）：53–67.

［90］周大地．2020年的中国能源战略［J］．煤炭企业管理，2005（7）：13–14.

［91］庞昌伟．俄罗斯能源战略框架中的对外能源合作［J］．国际经济评论，2004（11）：24–28.

［92］黄蕙．节能应成国策［J］．瞭望周刊，2003（50）：37–38.

［93］周大地，朱跃．中国能源供求前景与战略选择［J］．中国经贸导刊，1999（14）：26–28.

［94］李树清．开展国际经济合作分享海外石油资源［J］．国际经济合作，1996（11）：24–26.

[95] Lucy Corkin. Uncovering African Agency : Angola's Magement of China's Credit Lines [M] . Ashgate Publishing Limited, 2013.

[96] Daniel Yergin. The Quest : Energy Security and The Remaking of the Modem World [M] . New York : Penguin Press, 2011.

[97] Deborah Brautigam. The Dragon's Gift–The Real Story of China in Africa [M] . Oxford : Oxford Univ. Press, 2011.

[98] Dorothy Grace Guerrero, Firoze Manji. China's New Role in Africa and the South : A Search for a New Perspective [M] . Oxford : Fahamu, 2011.

[99] Fantu Cheru, Cyril Obi. The Rise of China & India in Africa : Challenges, Opportunities and Critical Interventions [M] . London : Zed, 2010.

[100] Chris Alden. China in Africa [M] . London : Zed, 2009.

[101] Chris Alden, Daniel Large, Ricardo Soares de Oliveira. China Returns to Africa–a Rising Power and a Continent Embrace [M] . New York : Columbia Univ. Press, 2009.

[102] World Bank. Angola : Oil, Broad–based Growth, and Equity [M] . Washington, D. C : World Bank, 2007.

[103] Andrea Goldstein, Nicolas Pinaud, Helmut Reisen, Xiaobo Chen. The Rise of China and India : What's in it for Africa? [M] . OECD Publishing : Éditions OCDE, 2006.

[104] Babu, Abdul Rahman Mohamed, Salma Babu, and Amrit Wilson. The Future That Works : Selected Writings of A.M. Babu [M] . Trenton, NJ : Africa World Press, 2002.

[105] Deborah Braütigam. Chinese aid and African Development : Exporting Green Revolution [M] . Basingstoke : Macmillan. St. Martin's Press, 1998.

[106] Mason Willrich. Energy and World Politics [M] . New York : Free Press, 1978.

[107] Melvin A. Conant, Fern Racine Gold. The Geopolitics of Energy [M] . Boulder, Colo : Westview Press. 1978.

[108] Nazli Choucri and Vincent Ferraro. International Politics of Energy Interdependence : Case of Petroleum [M] . Lexington : Heath, 1976.

[109] Richard N. Cooner. The Economics of Interdependence : Economic Policy in the Atlantic Community [M] . McGraw–Hill : Council on Foreign Relations, 1968.

[110] Isaac Odoom, Dam In, Cocoa Out. Pipes In, Oil Out : China's Engagement in Ghana's Energy Secto [J] . Asian and African Studies, 2015 : 1–25.

[111] Bosshard, Peter. No Harmonious Global Society without Civil Society [J]. Dorothy Grace Guerrero and Firoze Manji: China's New Role in Africa and the South: A Search for a New Perspective. Oxford: Fahamu, 2011: 246–252.

[112] Corkin, Lucy. China's Interest in Angola's Construction and Infrastructure Sectors [J]. Dorothy Grace Guerrero and Firoze Manji: China's New Role in Africa and the South: A Search for a New Perspective, Oxford: Fahamu, 2011: 157–190.

[113] Corkin, Lucy. China's Strategic Infrastructural Investments in Africa [J]. Dorothy Grace Guerrero and Firoze Manji: China's New Role in Africa and the South: A Search for a New Perspective. Oxford: Fahamu, 2011: 134–150.

[114] Aning, Kwesi. China and Africa: Towards a New Security Relationship [J]. Fantu Cheru and Cyril Obi: The Rise of China and India in Africa: Challenges, Opportunities and Critical Interventions. London: Zed, 2010: 145–154.

[115] Cheru, Fantu, Magnus Calais. Countering "New Imperialisms": What Role for the New Partnership for Africa's Development? [J]. Fantu Cheru and Cyril Obi: The Rise of China & India in Africa: Challenges, Opportunities and Critical Interventions, London, Zed, 2010: 221–237.

[116] Irina Pop. China's Energy Strategy in Central Asia: Interactions with Russia, India and Japan [J]. Revista Unisci, 2010, 24: 197–220.

[117] Pramod Kulkarni. Shale Search Goes Global [J]. World Oil, 2010 (12): 73–78.

[118] Alden, Chris. Africa without Europeans [J]. Chris Alden, Daniel Large and Ricardo Soares de Oliveria, Chris Alden, Daniel Large and Ricardo Soares de Oliveira: China Returns to Africa–a Rising Power and a Continent Embrace, New York, NY: Columbia Univ. Press, 2009: 349–360.

[119] Alden C., Hughes C.R. Harmony and Discord in China's Africa Strategy: Some Implications for Foreign Policy [J]. The China Quarterly, 2009 (199): 563–584.

[120] Barry Sautman, Yan Hairong. African Perspectives on China-Africa Links [J]. The China Quarterly, 2009 (199): 728–759.

[121] Bremmer I. State Capitalism Comes of Age [J]. Foreign Affairs, 2009, 3 (88): 40–55.

[122] Brautigam, Deborah. Flying Geese' or "Hidden Dragon" Chinese Business and African Industrial Development [J]. Chris Alden, Daniel Large, Ricardo

Soares de Oliveria. China Returns to Africa–a Rising Power and a Continent Embrace. New York, NY : Columbia Univ. Press, 2009.

[123] Ching Kwan Lee. Raw Encounters : Chinese Managers, African Workers and the Politics of Casualization in Africa's Chinese [J] . The China Quarterly, 2009 (199) : 647–666.

[124] Dan Hag Lund. In It for the Long Term? Governance and Learning among Chinese Investors in Zambia's Copper Sector [J] .The China Quarterly, 2009 (199) : 627–646.

[125] Daniel Large. China's Sudan Engagement : Changing Northern and Southern Political Trajectories in Peace and War [J] . The China Quarterly, 2009 (199) : 610–626.

[126] Dobler Gregor. Chinese Shops and the Formation of a Chinese Expatriate Community in Namibia [J] . The China Quarterly, 2009 (199) : 707–727.

[127] Julia C. Strauss. The Past in the Present : Historical and Rhetorical Lineages in China's Relations with Africa [J] . The China Quarterly, 2009 (199) : 777–795.

[128] Mario Esteban. The Chinese Amigo : Implications for the Development of Equatorial Guinea [J] . The China Quarterly, 2009 (199) : 667–685.

[129] Martha Saavedra. Representations of Africa in a Hong Kong Soap Opera : The Limits of Enlightened Humanitarianism in the Last Breakthrough [J] . The China Quarterly, 2009 (199) : 760–776.

[130] Strauss, Julia C, Martha Saavedra. Introduction : China, Africa and Internationalization [J] . The China Quarterly, 2009 (199) : 551–562.

[131] Burnett, Patrick. Africa and China : Then and Now. Interview with Kwesi Kwaa Prah [J] . Manji, Firoze : African Perspectives on China in Africa. Oxford : Fahamu, 2007 : 57–62.

[132] Campos, Indira, Alex Vines. Angola and China : "A Pragmatic Partnership" [J] . Chatham House : Center for Strategic and International Studies Conference on Prospects for Improving U. S.-China-Africa Cooperation, Washington, D. C. Chatham House : London, 2007.

[133] Campbell, Horace. China in Africa : Challenging US Global Hegemony [J] . Manji, Firoze : African Perspectives on China in Africa. Oxford : Fahamu, 2007 : 119–138.

[134] Chan-Fishel, Michelle. Environmental Impact : More of the Same [J] . Manji, Firoze : African Perspectives on China in Africa. Oxford : Fahamu, 2007 : 139–152.

[135] Cornelius, Peter. Jonathan Story : "China and Global Energy Markets" [J] . Orbis, 2007, 1 (51) : 5–20.

[136] Daniel Large. Conference Report : A "Chinese Scramble"? The Politics of Contemporary China–Africa Relations [J] . African Affairs, 2007, 422 (106) : 141–143.

[137] Bruce G. Blair, Chen Yali, Eric Hagt. The Oil Weapon : Myth of China's Vulnerability [J] . World Security Institute, 2006.

[138] Collins G. China Seeks Oil Security with New Tanker Fleet [J] . Oil and Gas Journal, 2006, 38 (104) : 20–26.

[139] Constantin, Christian. China's Conception of Energy Security : Sources and International Impacts. Vancouver : Institute of International Relations [M] . University of British Columbia, 2005.

[140] Dannreuther R. Asian Security and China's Energy Needs [J] . International Relations of the Asia–Pacific, 2003, 2 (3) : 197–219.

[141] Calder, Kent. Asia's Empty Tank [J] . Foreign Affairs, 1996, 2 (75) : 55.

[142] Morgenthau, Hans. A Political Theory of Foreign Aid [J] . The American Political Science Review, 1962, 2 (56) : 301–309.

[143] Bambawale Malavika Jain, Benjamin K. Sovacool. China's Energy Security : the Perspective of Energy Users. Applied Energy, 2011, 5 (88) : 1949–1956.